KB210855

산다는 것 그리고 잘 산다는 것

산다는 것 그리고 잘 산다는 것

글·그림 호호당 김태규

더메이커

잘 산다는 것은 무엇인가

　세상에 한번 태어났으니 누구나 그리고 모든 이가 잘 살아보고자 한다. 잘 살려고 노력하고 애를 쓴다.

　그런데 '잘 산다는 것이 무엇인가' 하는 문제에 이르면 사람마다 다르고, 살다보면 달라지며, 처한 입장에 따라 또 달라진다. 그럼에도 불구하고 우리 모두는 어떤 환경과 어떤 입장에서든 잘 살아보고자 애를 쓴다. 상황이 어려울 때 뱉는 "아이고, 죽겠네!" 하는 소리도 결국 살기 위해 그리고 잘 살기 위한 외침이다.

산다는 것은 힘든 것의 연속이다

나는 '과연 운명이란 것이 존재하는가'라는 물음을 오랫동안 안고 살아왔다. 1971년에 시작한 이 물음은 어쩌다 보니 평생에 걸쳐 이어오고 있다. 이 역시 '어떻게 하면 잘 살지?' 하는 것과 연결되어 있는 문제이기도 하다.

운명에 대해 오래 궁리하다 보니, 인생은 순환(循環)이란 것을 알게 되었다. 그 순환은 우리가 해마다 겪는 사계절의 순환, 즉 봄, 여름, 가을, 겨울과 정확하게 같다는 것도 알게 되었다.

만물이 소생하는 계절인 봄은 희망의 계절이자 가장 힘든 계절이다. 여름은 그야말로 욕망의 계절이다. 한껏 욕심을 내고 의욕을 가지고 앞으로 전진해가는 때이다. 가을은 결실의 계절이기에 나름 많은 것이 풍족하니, 좋은 계절이다. 그러고 나면 겨울인데, 겨울에는 모든 것이 휴지기에 들어간다.

다만 태어난 연월일시에 따라 시작하는 계절이 저마다 달라, 어떤 이는 가을에 태어나서 겨울을 보낸 다음 봄을 맞이하고 여름으로 이어가고, 또 어떤 이는 여름에 태어나서 가을을 보내고 겨울과 봄, 다시 여름으로 이어간다.

상담을 하다 보면 다양한 계절을 지나고 있는 사람들을 마주하기 마련이다. 그런데 신기한 것은 힘들지 않다고 얘기하는 사람이 없다는 점이다. 그것은 한참 풍요의 계절인 가을을 보내고 있는 사람 역시도 마찬가지였다.

"당신은 결실의 계절인 가을을 보내고 있네요. 좋은 때입니다"
"그래요? 그런대로 괜찮기는 하지만 그만큼 힘든 일도 많습니다."

으레 이렇다. 왜 그럴까?

산다는 것은 힘든 것의 연속이기 때문이기 때문에 그렇다. 끊임없이 이런저런 문제가 생기고, 그걸 해결하고 견디는 것의 연속이기 때문에 그렇다.

그렇다고 산다는 것이 고통의 연속인 것만은 아니다. 운이 어떻든 간에 고통은 끊임없지만 또 한편으로는 그것을 보상해주는 삶의 즐거움, 일종의 보상(報償) 또한 끊임없이 주어진다.

고통과 즐거움이 균형을 잡아가기에 우리는 살아가고 또 살아갈 수 있는 것이다. 그러니 산다는 것은 고통과 괴로움 그리고 그것에 대한 보상의 연속이라고 말할 수 있다.

나아가서 잘 산다는 것 역시 고통과 괴로움 없이 지내는 상태는 아니란 점이다. 잘 살든 못 살든 우리는 고통과 괴로움 그리고 그것에 대한 보상이 연속인 삶을 살 수밖에 없다.

그렇다면 잘 산다는 것은 과연 무엇일까?

잘 산다는 것 그리고 행복

배가 고프다가 밥을 잘 먹고 나면 행복하다. 피곤할 때 푹 잘 자고 나면 개운하고 즐거워서 행복감을 느낀다. 어려운 시험에 합격하면 행복하다. 하지만 그 만족감은 얼마 가지 않는다.

좋은 사람을 만나서 진지하게 사랑을 하면 행복하다. 하지만 그 달콤함 역시 오래 이어지진 않는다. 시간이 지나면 권태감도 생긴다. 돈이 없어 궁핍하다가 돈이 생기면 즐겁고 돈을 많이 벌면 행복하다. 하지만 이 역시 얼마 가지 않아서 행복감은 사라진다.

우리가 살면서 때론 어느 한 순간, 그 순간에 영원히 머물고 싶을 정도로 강렬한 행복감을 느끼기도 한다. 물론 지나간다. 시간은 흐르기 마련이고 강렬한 행복감도 시간의 흐름과 함께 소멸된다. 뭐든 그렇다.

결국 우리는 행복한 상태에 지속적으로 머물 수가 없다. 우리는 기본적으로 행복 또는 행복한 상태에 머물 수 없도록 만들어져 있기에 그렇다.

즉 행복은 지속될 수도 없고 또 행복의 지속을 추구하는 것이 잘 사는 것은 아니라는 얘기다. 잘 산다는 것 더 줄여서 산다는 것과 행복하게 사는 것은 다른 얘기이다.

그렇다면 잘 산다는 것은 과연 무엇인가?

우리 모두 한 번 태어나서 한 번 산다. 모두가 인생의 초행길이다. 그러니 "어떻게 살아야 할까요?", "잘 산다는 게 뭘까요?" 같은 질문에 "이렇다!"라고 자신 있게 말할 수 있는 사람은 없다. 나 호호당 역시 마찬가지다.

다만 나는 운명에 대해서 오랫동안 연구해오면서 통찰을 쌓아왔고, 그리고 그 과정에서 수많은 사람들을 만나며 인생 이야기를 쌓아왔다. 그래서 산다는 것에 대해 할 얘기가 좀 있다고 말해도 되겠다.

정말이지 그간의 21년에 걸쳐 상담을 하면서 많은 사람들을 만나왔다. 수많은 운명 사례와 다양한 입장과 처지, 어려움을 듣고 판단도 해주고 조언도 해주는 과정에서 들은 사연이 엄청나게 많다. 그분들이 실은 나에게 '산다는 것 그리고 잘 산다는 것'이 무엇인지에 대해 일러주었다.

이 책에서 나는 그분들의 이야기를 나누어보려 한다. 그러면서 '산다는 것 그리고 잘 산다는 것'에 대해서도 말해보려 한다.

***

이 책에는 제법 많은 그림들이 들어가 있다. 오랫동안 꾸준히 그려온 그림들이다. 이 그림들에는 자연의 순환, 인생의 순환에 대한 나의 관찰이나 생각 등이 들어가 있다. 나의 글과 잘 어울린다고 생각해서 글과 함께 넣었다.

나는 어려서부터 그림 그리기를 좋아했다. 화가가 되고픈 생각도 했지만 여러 사정으로 그 꿈을 접어두어야 했다. 그러다가 예순 여섯의 나이에 처음 전시회를 열었다. 나의 글과 그림을 눈여겨보던 한 화가(정직성 화가)의 권유로 그렇게 되었다. 고이 간직해오던 어린 시절의 꿈을 다 늦게 이룬 셈이다.

즐겨주시기 바란다.

안동 고산정 앞 월명담

contents

chapter 7   그래서, 잘 산다는 것은 무엇인가

chapter 1

그냥 부는 바람은 없어서

"우리는 어디에서 왔습니까,
우리는 무엇입니까,
우리는 어디로 가고 있습니까."

-폴 고갱(Paul Gauguin)

되어가는 대로, 되는 대로

되어가는 대로 산다는 것

"되어가는 대로 살라."

이는 내가 운명의 숨겨진 이치에 대해 45년에 걸쳐 연구하고 검증한 결과 얻은 결론이다. 이 말은 나의 좌우명(座右銘)이기도 하다. 다만 이 말에 대해 약간의 설명이 필요할 것 같다. '되어가는 대로 살라'고 하면 피동적 혹은 수동적인 느낌을 받을 수 있겠기 때문이다. 그러나 이는 선입견일 뿐, 수동적인 태도와는 아무런 상관이 없다. 나름의 어떤 뜻을 품고, 강한 의지로 그것을 이루기 위해 열심히 노력하는 것은 인생에서 대단히 중요하다.

여기 산으로 사냥을 떠난 포수가 있다고 하자.

당초 생각은 노루를 몇 마리 잡아올 생각이었는데, 뜻하지 않게 호랑이를 만나서 죽기 살기로 싸운 결과 호랑이를 잡게 되었고, 그 바람에 전설의 포수가 될 수도 있겠다. 그런가 하면 온 산을 다 돌아다녔지만 허탕 치고 빈손으로 산에서 내려올 수도 있을 것이다.

생각은 노루를 잡겠다는 것이었지만 호랑이를 잡아 대박이 날 수도, 아니면 빈손으로 끝날 수도 있는 것이 포수의 삶이다. 물론 당초 뜻대로 노루를 서너 마리 잡아서 기분 좋게 소기의 성과를 볼 수도 있다.

'되어가는 대로 살라'는 말은 바로 이런 것이다. 당초 목표는 노루였지만 결과는 호랑이가 될 수도 있고, 빈손 맹탕이 될 수도 있으며, 소기의 목표대로 노루가 될 수도 있는 것이 인생이다.

경우의 수는 이것만이 아니다.

갑자기 발목을 다치는 바람에 노루 사냥은 시작도 못 해보고 산 아래 주막에서 며칠 쉬게 되었다고 하자.

"아, 재수 없어, 왜 갑자기 발목이 이렇게 된다니!" 하면서 툴툴거리고 있는데, 멀지 않은 곳에서 커다란 산사태가 일어나고 있었다. 예정대로 산에 들어갔다면 영락없이 잃었을 목숨 아닌가! 그럴 때 포수는 "아이고, 조상님들이 제 목숨을 살리려고 발목을 삐걱하게 하셨군요!" 하면서 새삼 조상에게 고마워할 수도 있을 것이다.

인생에서 경우의 수는 우리의 머리를 넘어선다. 실로 다양한 경우가 있다. 그러니 뜻을 품고 노력을 하되, 마음 한편으론 '되어가는 대로 살라'는 것이다.

말은 말이고 실행은 실행이며 결과는 결과다

"저는요, 이번 일은 반드시 관철시키겠습니다" 하고 말하는 이가 있다. 좋은 일이다. 강한 의지를 표명하는 것이니. 하지만 그거야 의지의 표명인 것이고 정작 그 일이 관철될지 말지는 두고 봐야 아는 일이다. 말은 말이고 실행은 실행이며 결과는 결과인 것이지, 그것들이 자동으로 하나로 연결되는 것은 아니다.

이와 관련해서 사람이 뜻을 품었거나 소망이 있을 때 더러 기도(祈禱)란 것을 하게 된다. 종교를 가지고 있든 또 그렇지 않건 간에 우리는 살아가다 보면 기도나 기원을 할 때가 있기 마련이란 얘기이다.

그런데 기도란 것은 다소 위험한 구석이 있다.

열심히 기도했건만 바라는 바가 이루어지지 않으면 서운한 생각이 들기도 하고, 때론 더 나아가서 기도했던 대상을 원망하게 될 수도 있기 때문이다. '반드시 응답을 주신다고 들었는데 이게 뭐야, 기도하고 또 기도하기를 무수히 반복했는데 아무런 반응이 없잖아!' 하고 말이다.

그렇기에 앞서 했던 말에 조금 더 말을 보탠다. 말은 말이고 기도는 기도이며 실행은 실행이며 결과는 결과인 것이지, 그것들이 자동으로 하나로 연결되는 것은 아니라고.

뜻을 품었다고 뜻대로 다 되는 법 없고, 기도한다고 해서 바라는 바가 이루어지는 법도 없다. 말을 했다고 해서 말한 바대로 되는 법도 없다. 되기도 하고 되지 않기도 하는 것이니, 이는 너무나도 당연하고 명백한 이치이다.

그러니 '되어가는 대로 되는 대로 살라는 것'이다. 이 말은 수동적으로 나태하게 살자는 말이 아니라, 열심히 노력하고 추구하되 그 결과가 어떻든 받아들이는 정도의 여유는 가지고 살자는 말이다.

가끔 주변에서 "이번에 안 되면 끝장입니다, 꼭 되어야만 합니다" 같은 말을 듣게 된다. 그런데 이런 마음 자세는 자신의 소중한 삶을 도박에 걸었다는 말과도 같아서, 이미 그 게임에서 지고 있는 것이라 말해도 무방하다. 그렇게 약한 마음으로 배수(背水)의 진(陣)을 치면 물에 빠져 죽기 마련이고, 죽기 살기로 나가면 죽기 십상이다. 이런 비정상적인 마음 씀씀이가 평상시의 마음이 되어선 안 된다.

산중의 여름은 깊었는데

뜻을 품었다고 뜻대로 다 되는 법 없고,
기도한다고 해서 바라는 바가 이루어지는 법도 없다.
말을 했다고 해서 말한 바대로 되는 법도 없다.
되기도 하고 되지 않기도 하는 것이니,
이는 너무나도 당연하고 명백한 이치이다.

그러니 '되어가는 대로 되는 대로 살라는 것'이다.

진지하게 승부에 임하되 결과는 안 좋을 수도 있다는 것을 알고 있어야 하고 또 받아들일 수 있어야 하며, 안 되면 달리 방법을 취한다는 자세로 살아가야 결국은 승리할 수 있고 성취할 수 있다. 열심히 하되 '아니면 그것으로 그만이고' 하는 여유를 가져야 한다는 말이다.

뜻을 품었으되 되어가는 대로 산다는 것은 지극히 강인하고 건강한 마음 자세이다. 일희일비가 아니라 먼 안목으로 길게 인생 승부를 가져가는 사람만이 '되어가는 대로 되는 대로' 살아가면서도 즐겁고 유쾌하게 살 수 있으며, 또 크게 성취할 수 있다.

일에 집중하기 위해 기합(氣合)을 넣다 보면 숨을 쉬기 어렵다. 하지만 언제까지고 숨을 참고 살 순 없는 노릇이다. 또 숨 한 번 들이쉬고 내쉬는 것으로 길고 긴 인생 경영이 마무리되는 것도 아니다.

숨이란 죽는 날까지 끊임없이 들이쉬고 또 내쉬기를 반복하는 것이다. 숨을 쉬지 않으면 죽은 것이니 우리는 죽을 때까지 숨을 쉬며 살아야 하지 않겠는가.

그러니 뜻을 품고 목표를 가졌다 하더라도 마구 기합만을 넣을 일도 아니요, 되어가는 대로 되는 대로 살아야만 들숨과 날숨이 면면(綿綿)하게 이어질 것이다.

인연, 만남과 헤어짐의 운명학

"한때는 서로가 서로의 분신(分身)이라 할 만큼 좋은 사이였는데,
지금은 최악의 관계가 되었으니 어떻게 하면 좋을지 모르겠어요."

2~3년 간격으로 찾아와 일을 물어보곤 하는 분의 가슴 아픈 토
로(吐露)다. 이성 간의 사랑은 아니고 함께 일하던 사이였다. 다만
두 사람의 관계가 대단히 각별했던 것이다.

두 사람이 처음 알게 된 경위와 때를 물어보고 두 사람의 생년
월일을 살펴보니 어떤 사정인지 십분 이해할 수 있었다. 두 사람이
어렵게 된 사정과 이유에 대해 얘기를 해줬지만, 충분히 설명해주
긴 어려웠다.

왜 처음의 감정은 소모되고 변해가는가

먼저 얘기할 것은 사람의 감정이란 것 역시 소모(消耗)되는 것이란 점이다. 한계효용체감의 법칙이 작용한다는 말이다.

왜 소모된다고 말하는가? 그 까닭은 우리가 매일 매일의 시간 속에서 조금씩이나마 늘 변해가기 때문이다. 생각이 변하고 사상이 변해간다. 사람을 만나다 보면 저도 모르게 영향을 주고받으며 또 변해간다. 생리적으로 화학적 조성도 늘 변해가고 있으니, 당연히 사람의 감정도 변해간다.

처음 만났을 때의 감정 역시 시간과 함께 변해간다. 왜 처음의 감정은 소모되고 변해가는가. 이를 달리 말하면 저마다의 길이 다르기 때문이다.

'인생 항로'라는 말이 있다. '우리 저마다의 삶이 마치 배나 비행기가 항해하는 것과 같다'는 표현이다. '인생 여정'이란 말도 비슷한 말이다. 저마다의 여정과 항로가 있는 까닭에 두 사람이 평생을 함께하는 경우는 사실 대단히 드물다. 평생을 함께하는 것이 오히려 예외라 하겠다. 수십 년 된 부부도 황혼이혼을 하듯이.

한 사람이 서울을 떠나 동쪽으로 길을 가고 있었다. 조금 가다가 같은 방향으로 걷고 있는 사람을 만났다. 서로 말문을 트고 얘기를 나누어보니 두 사람 모두 동쪽으로 가고 있음을 알게 되었다.

그래서 길동무도 할 겸 함께 길을 가기로 했다.

두 사람은 얘기도 나누고, 식사도 같이하고, 숙박도 같이하면서 즐겁게 길을 갔다. 그런데 며칠을 가다 보니 한 사람은 강릉으로 가는 길이었고, 다른 한 사람은 봉화 행인 것을 알게 되었다.

두 사람의 목적지가 다르다는 것을 알게 되었으면 마땅히 원주 외곽에 이르러선 갈라서야 한다. 당연히 그래야 한다. 공교롭게도 비슷한 시기에 서울을 떠난 두 사람이었고, 또 두 사람이 우연히 동쪽으로 길을 가고 있었지만, 두 사람이 영원히 함께 길을 갈 순 없는 일이다.

모든 인연은 특정한 조건 속에서 맺어진다

인연(因緣)이란 이런 것이다. 두 사람의 인연은 원주 외곽까지였던 것이다. 이처럼 세상의 그 어떤 인연도 실상은 조건부에 불과하다. 그렇기에 두 사람은 원주 외곽의 어느 허름한 식당에서 한잔 술로 석별의 정을 나누고 헤어지는 것이 정답이다.

객정(客情)이란 말이 있듯이 서로가 특별한 환경에서 만나서 행동을 함께하다 보면 짧은 시간일지라도 각별한 정이 들기 마련이다. 이에 헤어지면서 연락처를 교환하기도 하지만 대부분 돌아오면 그것으로 끝이다. 한때의 인연이고 서로의 생활이 있기 때문이

뜨거운 여름 오후의 시골길

두 사람의 목적지가 다르다는 것을 알게 되었으면
마땅히 원주 외곽에 이르러선 갈라서야 한다.
당연히 그래야 한다.

공교롭게도 비슷한 시기에 서울을 떠난 두 사람이었고,
또 두 사람이 우연히 동쪽으로 길을 가고 있었지만,
두 사람이 영원히 함께 길을 갈 순 없는 일이다.

다. 조건부 인연이었기에 때가 되어 그 조건이 달라지면 인연 또한 그로써 그치는 것이다.

그러니 원주 외곽에서 헤어지면 되는 일인데, 그사이에 각별한 정이 들었다고 해서 같이 강릉으로 가자 거나 같이 봉화로 가자고 상대에게 요구할 순 없는 노릇이다.

한때 한동안 너무나 좋았던 두 사람이 최악의 관계로까지 갔다는 것은 결국 강릉행을 강요했거나 봉화행을 강요한 것이라 하겠다. 두 사람 모두 서로를 대단히 좋아한 까닭이고, 그로써 집착이 생긴 것이니 그게 불행을 낳는다.

서로가 서로를 아낀다고 해서 마냥 원주 외곽에서 머물 수는 없는 노릇이고, 그렇다고 길이 다른데 상대의 길을 따라갈 수도 없는 일이다. 인연이 끝난 것인데, 서로가 멀어져가는 상대를 향해 원망하고 있으니 슬픈 일이고 힘든 일이 된다.

이를 두고 우리는 흔히 '못다 한 사랑'이라 표현한다.

사람은 고정된 사람이 아니다. 매 시각 변해가는 것이 사람이다. 젊어서의 열정은 나이가 들면서 어느새 사라지고, 세상을 보던 눈도 어느새 달라져 있다. 내 눈에 그토록 아름답던 사람도 세월이 흘러가면서 변해가고, 내 마음도 변해간다.

우리의 오관(五官)으로 이루어진 거대한 '감각(感覺)의 제국(帝國)' 은 시간 속에서 영토의 경계가 부단히 변해간다. 우리의 오성(悟性)

이나 가치관 또한 시간의 마모(磨耗)를 견디지 못한다.

앞의 두 사람이 인연을 맺었던 세월을 보니 2002년에 처음 만나 2014년까지였다. 12년의 세월이니 실은 대단한 인연이다. 두 사람 사이에 갈등이 표출된 시점을 해와 달까지 집어서 말해주었더니 대단히 놀라는 표정을 지었다.

갈등이 표출된 이후 두 사람은 다시 잘 지내보자고 문제를 봉합했지만, 오히려 그게 더 문제였다. 다시 잘해보자는 마음을 낸 것이 결국 관계가 최악으로 가는 원인이 되었던 것이다.

그래서 말해주었다, "그것은 집착이기도 하지만 동시에 치열하고도 진지한 사랑이었다고." "진정한 사랑의 감정은 어느 정도 집착과 치정(癡情)이 동반되기 마련"이라는 말도 해주었다.

헤어진 뒤 각자가 감당해야 하는 뒷이야기나 여한(餘恨)의 몫이 없다면 그게 어디 제대로 된 사랑이고 진지했던 인연일 수 있을까.

두 사람의 인연은 그렇기에 대단히 좋은 인연, 즉 선연(善緣)이었던 것이고, 하지만 오늘에 이르러 마음이 많이 아프니 악연(惡緣)이라 말할 수도 있는 것이다. 단맛을 봤으면 쓴맛도 응당 맛보아야 하지 않겠는가.

단맛도 보고 쓴맛도 보면서 살아가는 그런 인생이 참으로 좋은 인생이라고, 나는 말한다. 성공과 실패를 번갈아 겪어가는 것 또한 좋은 인생이라는 말도 곁들인다.

물론 사람들은 단맛만 보길 원하고 성공만 이어지길 바란다. 사람들은 자신의 삶이 동화책 속의 이야기와 같았으면 하는 것이다. 하지만 그것은 결국 어린아이의 소망에 지나지 않는다는 것 또한 모두가 알고 있다.

　모든 인연은 특정한 조건 속에서 맺어진다. 우리의 삶 또한 생명력이 살아 움직이는 동안에만 이어지는 아주아주 특별하고도 유한한 인연이다. 그러니 주어진 시간 동안, 죽기 전까지 다양한 맛의 경험으로 가득 채우는 것이 잘사는 것이다. 설탕으로만 삶을 채울 순 없다는 얘기이다.

뻐꾸기 우는 사연, 산다는 것에 대하여

흐

탁란, 그리고 뻐꾸기 우는 사연

목련이 열심히 꽃을 열고 있다. 낮부터 내린 실비에 몸을 씻은 채 이따금 부는 바람에 맡겨 남실대고 있다. 창가에 기대어 그 모습을 보노라니 바람을 핑계 삼아 부러 흔들어대는 것 같다. 흥이 난 모양이고 꽃의 춤이다.

이제 열흘 정도 지나면 벚꽃 물결이 칠 것이고, 비탈진 솔밭 그늘엔 연분홍 안개가 서릴 것이니, 그건 진달래꽃이다. 그렇게 봄은 무르익어 갈 것이다.

생각은 늘 앞서간다. 이제 막 완연한 봄으로 들어서고 있건만 벌

써 여름이 생각나니 말이다. 봄과 여름을 오가다 문득 질문 하나
가 떠오른다.

"봄과 여름을 경계 짓는 것이 무엇인 줄 아는가?"

답은 간단하다. 어느 날 문득 뻐꾸기 소리가 귓전에 들려오면 그
게 여름이다. 여름은 먼 산 뻐꾸기 울음소리로 시작된다. 그러고 나
면 곧 들녘에서 하얀 찔레꽃을 볼 수 있다.

나는 뻐꾸기가 울면 여름이란 사실을 쉰 초반까지도 모르고 살
았다. 뻐꾸기가 울면 우는가 보다 했고, 뻐꾸기가 우는 사연이 있
다는 것도 알지 못했다.

뻐꾸기는 여름 철새라서 초여름이면 날아온다. 멀리서 날아와
바로 산란을 시작한다. 그러니 둥지를 지을 겨를이 없다. 그런 까
닭에 어쩔 수 없이 다른 새의 둥지에 알을 낳는다.

그 바람에 얌체로 알려졌지만 이런 속사정이 있었다. 멀리 날아
와 지친 몸에, 초가을이 되면 다시 떠나야 하기에 둥지를 틀고 산
란할 시간이 절대적으로 부족한 뻐꾸기이다. 그래서 탁란(托卵)을
한다.

알을 남의 둥지에 맡겨 놓았지만 어미 뻐꾸기는 새끼가 알에서
부화하고 어느 정도 자랄 때까지 늘 둥지 주변을 맴돌며 어미의 소
리를 들려준다. 뻐꾸기가 우는 사연이 이러하니, 얌체라고 미워만
할 일도 아닌 것 같다.

이런 뻐꾸기의 속사정을 얘기하고 나니 이어지는 생각이 있다. 최근 우리의 젊은 엄마들도 상당수가 직장에 나가는 바람에 아기를 어쩔 수 없이 어린이집에 맡겨둔다. 그러니 뻐꾸기와 다를 것이 없지 않은가. 나는 그래서 요즘의 젊은 엄마들을 일러서 '뻐꾸기 엄마'라고 부른다. 딱하구나 싶다.

사람이나 동물이나 그리고 아무 소리를 내지 못하는 식물이나 살아가는 일이 여간 고달프지가 않다. 큰 눈으로 보면 모두 딱하구나 싶다. 살아있는 모든 것이 딱하다.

5월 하순 초여름 무렵에 들에 나가보면 더 없이 한적하다. 신록이 다 나오고 산들바람이 불어 몸과 마음이 참으로 가볍다. 하지만 조금만 더 가까이 가 그 안을 들여다보면, 산과 들 그리고 개천 어디에서도 살아가고 이어가기 위해 조금치도 양보가 없는 투쟁이 진행되고 있다.

살아간다는 것은 살아있는 자에게 엄청난 수고와 비용을 치르도록 한다. 삶은 그 자체로 대가(代價)를 치르지 않으면 이어질 수 없다.

가끔 공익광고에 보면 아이들이 해맑게 웃으며 힘차게 뛰어노는 그림들이 나온다. 하지만 그건 일종의 허상(虛想)이기도 하다. 달리 말하면 그래야 한다는 당위(當爲) 내지는 이념(理念)이다.

흐린 날의 광화문 사거리

살아간다는 것은

살아있는 자에게

엄청난 수고와 비용을 치르도록 한다.

삶은 그 자체로 대가(代價)를 치르지 않으면

이어질 수 없다.

사람 또한 자연의 일부이고 그 속에 포함되어 있기에 끊임없이 경쟁해야 하고 싸워야 한다. 늘 싸우고 투쟁하고 있는 우리이기에 그런 공익광고를 보면서 '내 새끼들은 응당 저러 해야지' 하면서 위안을 받고 힘을 낸다는 생각도 든다.

물론 인간은 많이 특별한 동물이고 기술이 있어서 여느 자연의 생명들과는 다른 삶을 살고 있다. 하지만 인간 사회 역시 치열한 경쟁을 전제로 유지되고 있다는 점을 생각하면, 자연의 생명들과 크게 다르지 않다.

또한 많은 사람들이 경쟁보다는 협조, 홀로 차지하기보다는 나눔이 이루어지는 사회, 유교적 이상으로 말하면 대동(大同)의 세상을 꿈꾸고는 있지만, 그건 사실 여전히 요원한 이상이고 이념일 뿐이다. 공산주의가 처절하게 실패한 것을 보면, 그건 불가능한 꿈일지도 모르겠다.

그저 살아보는 것이고 이어가보는 것이다

뻐꾸기로 시작된 얘기가 어쩌다 여기까지 왔다. 그런데 혹시나 하는 마음에서 좀 더 얘기를 해본다.

현실의 공간은 투쟁이고 경쟁이니 그게 진리이고 답이라는 얘기를 하려는 것이 아니다. 물론 살아있는 모든 것은 영원히 투쟁하도록 틀이 지워져있긴 하지만 지금 하려는 얘기는 살아있는 모든 것들이 가련하다는 점이다. 더불어서 살아있는 것들은 모두 예쁘다는 점이다.

창 아래 한창 절정을 향해 달려가는 목련꽃만 해도 얼마나 예쁜가 하는 말이다. 먼 산을 연분홍으로 물들이는 진달래꽃 또한 얼마나 예쁘고 슬픈가 하는 얘기이다.

나는 사실 나이 쉰이 된 2000년대 중반까지만 해도 정말 헛살았다는 생각을 한다. '나만 잘 되면 되지' 하는 마음에서 내 앞길만 보고 살았으니, 너른 세상은커녕 가까운 주변마저도 보는 눈이 얼마나 협소했겠는가 싶다. 거의 장님 수준이었다.

봄날 피어나는 꽃들이 올해는 또 다르게 다가온다. 살자고 피는 꽃이다 싶으니 말이다. 예쁜지 안 예쁜지는 다음다음 일이고 우선은 살자는 몸짓이다.

나무가 꽃을 피워내지 않으면 그건 죽은 나무라 하겠고 결국 죽게 된다. 나무인 까닭에 어떤 소리를 내진 못하지만 겨우내 그리고 초봄부터 꽃을 피워내기 위해 얼마나 많은 수고를 했을까 생각해보면, 그렇다. 그저 올해에도 살아보자는 몸짓이 아니면 달리 무엇이랴!

'왜 사는가' 하고 삶의 이유를 묻는 이가 있다면 그건 중2병 환자이다. '살 이유가 없다' 싶어서 자살하려고 한다면 그건 우울증

환자일 뿐이다.

삶이란 것은 어떤 이유를 따지고 알아볼 필요가 없다. 그저 살아보는 것이고 이어가보는 것이다. 그것으로 충분하다. 우리 몸에 깃든 본능 속에는 무조건 살아야만 한다고 프로그램이 되어있으니 그렇다. 그런 까닭에 살고자 하는 것은 모든 생명이 공통이다. 사람이나 동물이나 식물이나 다 같다.

다만 사람은 다른 생명체가 잘 알지 못하는 한 가지 사실을 알고 있다. 그건 언젠가 죽는다는 것을 의식하면서 살아간다는 점이다.

젊어선 자신의 죽음을 그다지 의식하지 않는다. 살아갈 날이 아직 많이 남았기에 그저 남의 일이거니 한다. 그러나 죽음을 의식하지 않으며 사는 것은 결코 제대로 사는 것이 아니라고 생각한다.

그 어떤 이야기나 소설도 끝이 있듯이, 또 끝이 나지 않으면 이야기나 소설이 될 수 없듯이, 우리의 삶 또한 항상은 아니라 해도 수시로 이따금씩 죽음이라고 하는 삶의 엔딩을 염두에 떠올릴 필요가 있다는 얘기이다.

끝을 전제하지 않을 것 같으면 기승전결(起承轉結)의 구조가 아예 성립될 수 없다. 이처럼 우리의 삶도 끝이 있기에 기승전결의 드라마를 만들어낼 수 있다.

마감 날자가 정해지지 않은 일은 으레 흐지부지된다. 우리의 삶 또한 '이날이다' 하고 마감일이 정해져있지는 않다 해도, 분명히 마감이 존재한다. 그런데도 그런 마감을 전혀 의식하지 않은 채 살고 있다면 그건 삶을 낭비하고 허투루 보내는 것과 다름이 없다.

오래오래 잘 살겠다는 생각, 물론 중요하고 좋다. 그 사이에 부귀와 영화까지 누릴 수 있다면 더욱 좋은 일이다. 하지만 마감이 있다는 사실을 의식하지 않는다면 그건 바보의 삶을 살겠다는 것이 된다.

작업실 창 아래 저 목련이 지금 꽃을 피움으로써 바야흐로 영화(榮華)를 누리고 있지만, 며칠 가지 않아 지고 만다는 것은 사실이다.

봄날 피는 저 목련의 유백색 꽃이 내게 또 다르게 다가온다고 얘기한 것은, 내 삶이 한 해 줄었다는 것을 인식하고 있다는 말을 달리 표현한 것이다.

살아가려면 대가를 치른다. 대가를 치러야하기에 삶은 고달프다. 그게 정상이다. 먹고 사는 일이 쉬운 일은 아니지만, 따지지 말고 살고 볼 일이다.

운명의 계절에 맞추어 살다가는
우리 삶

저마다의 계절이 다르다

저마다 타고난 명(命)과 운(運)에 따라 한세상 살다간다. 명이란
유전적 소양을 말하니 그 사람만의 개성이고, 운이란 정확하게 사
계절과 같아서 60년에 걸쳐 15년씩 계절을 거쳐간다.

다만 운이 일률적으로 봄에서 시작하지 않는다. 어떤 이는 가을
에 시작해서 겨울, 봄, 여름을 보내고, 어떤 이는 여름에 시작해서
가을, 겨울, 봄을 거친다. 저마다 태어날 때 맞이하는 계절이 다르
다는 말이다.

어떤 이가 운세의 초봄에 태어났다고 해보자. 그는 꽃샘추위를 견디면서 힘겨운 성장기를 보내야만 할 것이다. 그러면서 강해지고 튼튼해지기에 인생 중년엔 크게 성공하기도 한다. 40~50대에 이르러 성공하는 사람들이 바로 이런 사람들이다.

이들은 어린 시절에 운세가 어려운 터라 가정환경이 어렵거나 몸이 아프기도 하며, 학업이 부진하기도 한다. 그러다가 사회 진출 후에 서서히 두각을 나타내고, 중년에 이르러서는 나름의 결실을 본다. 이런 유형의 사람들은 세상을 지나치게 경쟁의 관점에서 보는 경우가 많다. 스스로 살아온 세월이 그렇기 때문이다.

그러나 중년 이후 또는 노년에 접어들면서 뜻밖의 실수를 범하는 바람에 말년이 곤궁하거나 어렵게 되는 경우도 많다. 이를 두고 나는 '출구전략'에 실패했다고 말한다. 전쟁에서 가장 어려운 것이 후퇴 과정이다. 자칫 패주가 되는 바람에 엄청난 손실을 볼 때가 많기 때문이다.

다음으로 운세 순환의 여름에 태어난 사람을 보자.

좋은 대학을 마치고 좋은 직장에 입사하는 사람들이 바로 이런 유형에 속한다. 만 18세면 운세가 기세의 절정인 입추(立秋) 이후가 되는데, 이 무렵 대학에 진학하는 관계로 학업이 순조롭고 사회 출발도 쾌조의 스타트를 보인다. 이른바 엘리트 그룹이다.

27세 무렵에 입사한다고 보면, 가장 화려한 때가 시작되는 한로

(寒露), 상강(霜降)의 운이 되니 사회 진출할 무렵이 실은 인생의 한 절정이 된다. 요즘처럼 취업이 어려운 시절에 명문 대학을 마치고 신이 내린 직장인 공사나 대기업에 입사한 청년들의 운 흐름을 보면 거의 예외 없이 여기에 속한다.

이런 사람들은 대부분 35세 무렵부터 뭔가 모르게 삶의 권태를 느끼면서, 서서히 뒤처지게 된다. 능력 부족이 아니라 재미를 느끼지 못하기 때문이다. 그러다가 40대 중반 무렵 운세의 바닥인 입춘을 맞이하게 되어 몰락하는 경우가 허다하다. 멀리 갈 것 없이 나 호호당이 이 케이스에 해당한다.

하지만 실의(失意)의 중년 세월을 보내면서 절치부심한 결과, 다시 힘차게 일어나서 노년 들어 원만한 삶을 살거나 때론 크게 성공하는 경우도 많다. 중년 한때 힘든 시절을 보냈으나 1988년부터 KBS의 〈전국노래자랑〉을 발판으로 지금까지 진행을 맡으면서 크게 성공한 송해 선생이 이런 경우이다.

그럼 운세 순환 상 가을에 태어난 사람은 어떤가.

흔히 유복한 환경에서 태어나는 경우가 많다. 태어난 때가 바로 운명의 가을, 즉 가장 화려한 시기인 까닭에 또래 아이들보다 성취가 빠르고 뛰어나다. 하지만 정작 사회에 진출한 뒤에는 주변 사람들이 이해할 수 없을 정도로 부진을 겪거나 무능력해지는 바람에 잊히는 경우가 많다. 가령 고등학교 때까지 뛰어난 재능을 보여주던 야구 유망주가 프로에 진출하면서 부진에 빠졌다가 소리 없이 사라지는 경우가 그것이다.

이런 유형의 사람들은 나이 30세 무렵이 운명의 입춘 바닥이기 때문이다. 그 바람에 진로를 바꾸어 어려운 세월을 보내다가, 중년 이후에 성공하는 경우가 많다. 가령 선수로선 별로였으나 감독으로 국제적 명성을 떨친 거스 히딩크 감독이나, 줄곧 무명 감독을 지내다가 러시아 월드컵(2018년)에서 준우승을 거두면서 일약 주목을 받은 크로아티아 대표팀의 즐라트코 달리치 감독 등이 이런 경우이다.

끝으로 운명의 겨울에 태어난 사람을 보자.

이런 운명의 흐름을 타고 태어난 사람의 특징은 내성적인 성격의 소유자가 많다는 점이다. 겨울은 스산하고 추운 계절이어서 유년기의 성격 또한 그렇다.

이런 유형의 사람들은 10대에서 20대 초반에 걸쳐 대단히 힘든 시련기를 보낸다. 그때가 운명의 봄에 해당하기 때문이다. 부모의 이혼이라든가 갑자기 가세가 기우는 등으로 어려워진다.

하지만 30대를 거치면서 서서히 발전해간다. 성실한 노력으로 자신의 인생을 개척해간다. 이에 40대 이후엔 확고한 기반을 갖추게 되고, 50대 후반이면 삶의 최전성기를 맞이한다. 하지만 영원한 것은 없는 법이어서 60~70대에 들어 몰락하기도 하고, 때론 자식들의 재산 분배 분쟁으로 생각하지도 않았던 고초를 겪기도 한다.

운은 누구에게나 공평하다

운명의 어떤 계절에 태어났느냐에 따라 나타나는 기본적인 4가지 유형의 삶에 대해 얘기해보았다.

그러나 운이 다했다고 해서 일률적으로 예외 없이 몰락하는 것은 아니다. 다른 사람들 눈에 평생 잘 나가는 사람처럼 보이는 사람도 없지가 않은데, 그런 사람들은 운은 바닥이어도 자기관리를 잘하는 사람이라 하겠다. 가령 세계적인 부호 빌 게이츠나 워렌 버핏과 같은 사람이 대표적인 경우이다.

빌 게이츠는 1955년생인데, 그는 1952년이 운명의 입춘이었다. 운명의 봄에 태어난 사람인 것이다. 나이 마흔엔 이미 세계적인 부호가 되었는데, 놀랍게도 2005년 그러니까 50세의 이른 나이에 훌쩍 은퇴해버렸다.

하지만 대단히 정확한 판단이었다. 은퇴 당시 빌 게이츠의 운세는 겨울의 한가운데인 동지(冬至)였던 것이다. 물론 조기 은퇴하는 바람에 재미는 없어도 그간에 모은 엄청난 재산을 잘 지켜가고 있다. 자신의 능력과 분수를 잘 알아서 냉철하게 처신한 것이다.

사실 빌 게이츠 같은 경우는 대단히 드문 케이스다. 더 많은 것

늦가을의 팔당호

운은 누구에게나 공평하다.

60년 이상을 살아가노라면

누구나 운의 사계절을 겪기 마련이다.

을 가지기 위해 자신의 능력을 넘어 무리하다가 무너지는 경우가 더 많다. 오히려 이게 일반적이다.

운은 이처럼 누구에게나 공평하다. 60년 이상을 살아가노라면 누구나 운의 사계절을 겪기 마련이다. 다만 명(命)의 차이, 달리 말하면 타고난 소질과 능력의 차이는 엄연히 존재한다. 명은 공평하지가 않다는 말이다. 어떤 이는 아파트 한 채 마련한 것이 일생의 절정인 사람도 있고, 어떤 이는 세계적인 부호가 되기도 한다.

하지만 아파트 한 채일지언정 아니 그보다 못하다 해도 만족하면서 세월을 누리면 될 일이다. 굳이 특별한 부자가 되어보겠다고 무리했다가 나중에 땅을 치며 후회하는 것보다 백번 나은 일이다.

chapter 2

어디로, 어떻게

"울창한 숲에서 빠져나옴에 있어
처음부터 가장 빠른 길을 알고 있는 이는 없다."

《회남자(淮南子)》

처음부터
가장 빠른 길을 아는 사람은 없다

살다 보면 부침(浮沈)은 늘 있기 마련이다. 잘 되다가도 어려워지고 어려워졌다가도 잘 풀린다. 이는 운의 단기(短期) 사이클, 즉 60개월에 걸쳐 순환하는 운의 작용이다.

하지만 긴 인생 살아가다 보면 정말로 큰 역경(逆境)에 처해서 장기간에 걸쳐 힘든 시기를 보낼 때가 있다. 누구나 한 번쯤은 그런 때를 겪게 된다. 물론 이 역시 사람에 따라 정도의 차이야 있지만 말이다. 이는 60년에 걸쳐 순환하는 운의 작용 때문이다.

바다에는 해류(海流)가 있는데, 이는 주로 바람의 영향으로 생겨나는 흐름, 즉 물의 윗부분으로 빠르게 흘러가는 표층해류이다. 그런데 또 다른 해류도 존재한다. 대양의 해저 밑바닥에서 바닷물의 밀도에 의해 생겨나는 심층해류이다. 심층해류는 대단히 느리게 움직여가는데, 학자들은 이를 심층순환이라 부른다.

심층순환은 표층순환과 더불어 지구상의 저위도와 고위도 간의 열에너지 교류를 통해 전 지구 차원의 에너지 평형을 유지한다.

5년(60개월)에 걸친 단기 운세 순환을 표층해류라 한다면, 60년에 걸친 순환은 일종의 심층순환인 셈이다. 심층순환이 존재한다는 사실이 밝혀진 것은 그리 오래되지 않았는데, 이는 60년에 걸친 장기적 운의 순환이 존재한다는 것을 현대인이 모르는 것과 같다.

15년에 걸친 길고 긴 역경의 때

60년에 걸친 운의 순환에서 운세가 상승한다는 것은 에너지가 30년에 걸쳐 유입되는 과정이라 하겠고, 운세가 하강한다는 것은 반대로 30년에 걸쳐 에너지가 유출되는 과정이라 하겠다.

오늘 글에서는 60년에 걸친 장기 운세 순환에 있어 에너지가 거의 다 빠져나간 마무리 시기, 그리고 에너지 레벨이 바닥을 치고 다시 유입되기 시작하는 초입 부분의 시기를 다룬다. 바로 이때가 삶의 진정한 역경의 시기이다.

그 기간은 엄격할 정도로 확정되어 있다. 에너지 유출의 마지막

겨울비 내린 아침나절

어려움에 처했을 때
신속하게 빠져나오는 방법은 없다.
오래된 책인 《회남자(淮南子)》에 이르길
"울창한 숲에서 빠져나옴에 있어
처음부터 가장 빠른 길을 알고 있는 이는 없다"
라고 했는데, 참으로 옳은 말이다.

기간 7.5년, 다시 유입이 시작되면 그로부터 다시 7.5년의 기간, 합하면 15년의 시기가 우리가 살아가면서 누구나 겪게 되는 길고 험한 역경의 때를 이룬다.

운세의 하강과 상승을 에너지의 유출과 유입으로 설명했지만 다른 방법으로도 설명이 가능하다. 가장 직관적인 이해가 가능한 방법이며 내가 주로 사용하는 방법은 운세 순환을 한 해 사시사철에 비유하는 것이다.

운세 하강의 마지막 국면은 양력으로 12월 20일경의 동지로부터 2월 4일경의 입춘에 이르는 1.5개월이고, 상승 초기의 힘든 국면은 2월 4일의 입춘으로부터 3월 22일경의 춘분에 이르는 1.5개월이다.

이처럼 역경의 기간은 15년이라 했지만 이를 좀 더 자세히 들여다보면, 그 한 가운데에 존재하는 10년의 시기야말로 역경 중의 역경의 시기에 해당된다.

그렇기에 긴 인생 살아가면서 누구나 최소한 10년의 기간은 암흑기, 이른바 흑역사(黑歷史)를 거치게끔 되어있다. 그 암흑기는 사람마다 정도가 다르다 하겠지만, 그 기간에 그만 몹쓸 병에 걸려서 세상을 등지는 경우도 적지 않다.

나는 인생 중년에 암 등의 불치병에 걸려 세상을 등진 적지 않은 사람들을 기억하고 있다. 그런가 하면 흑역사의 세월을 잘 극복하고 만족스러운 인생을 구가하고 있는 사람 또한 정말 무수히 기억한다.

처음부터 가장 빠른 길을 알고 있는 이는 없다

나 역시 인생의 암흑기를 거쳤다. 그리고 그간 무수히 많은 간접 경험과 연구를 해왔다. 그래서 역경의 시기가 어떤 것이며, 또 어떻게 하면 그로부터 잘 벗어나서 다시 힘차게 살아갈 수 있는지를 잘 아는 전문가가 되었다. 그렇다고 '이렇게만 하면 된다'는 식의 무슨 특별한 노하우를 가지고 있다는 말은 절대 아니다.

미리 말해두지만, 어려움에 처했을 때 신속하게 빠져나오는 방법은 없다. 오래된 책인 《회남자(淮南子)》에 이르길 "울창한 숲에서 빠져나옴에 있어 처음부터 가장 빠른 길을 알고 있는 이는 없다(出林者不得直道)"라고 했는데, 참으로 옳은 말이다. 처음엔 막막하지만 그냥 있을 순 없고 해서 이리저리 헤치다 보면 결과적으로 어떻게 용케 빠져나오는 되는 것이다. 역경에서 빠져나오는 '좋은 원칙'은 있을 수 있겠으나 '절대 방법론'은 없다는 말이다.

그럼 이제부터 역경에 처한 당신이 어떻게 그로부터 벗어날 수 있는지에 대해 얘기해보자.

거칠 것은 다 거쳐야 하고
겪을 것이 있으면 다 겪어야 한다

먼저 할 일은 지금의 어려움이 단기 흐름, 즉 60개월에 걸친 단기 사이클에서 오는 것인지, 아니면 장기 흐름, 즉 60년에 걸친 장기 사이클에서 비롯된 것인지를 분별하는 것이다.

가령 부진(不振) 혹은 부조(不調)의 기간이 40개월 이상 지속되고 있다면 당신의 어려움은 장기 흐름이라 봐도 무방하다. 이제 15년 짧게는 10년에 걸친 역경의 초입(初入)에 들어선 것이라 봐도 된다는 말이다. 증시로 말하면 상승세 속에 나타나기 마련인 하락 조정이 아니라 기본 흐름이 하락 쪽으로 방향을 잡은 것과 같다.

증시 하는 분들은 장세가 오르다 꺾이면 그것이 단기 하락 조정인지, 대세 하락인지를 판별하지 못해서 낭패를 볼 때가 있다. 사실 이게 쉽지 않은데, 운세 흐름 또한 판별하기가 쉽지는 않다.

아무튼 이제 운명의 큰 흐름이 하강 쪽으로 방향을 잡았다고 하자. 이에 조급한 나머지 서둘러 벗어나고자 억지 또는 무리수를 감행하기도 하는데, 오히려 더 나쁜 상황을 초래할 수 있다.

증시로 비유해보면 주가가 많이 하락했다고 해서 섣불리 바닥을 점치고 주식을 대거 '매수'하거나 '물타기'한 결과, 상황을 최악으로 몰고 가는 경우가 허다한 것과도 같다.

기조(基調)적으로 하락하는 증시는 결국 매도할 사람이나 펀드가 다 털고 나간 다음에도 한참 동안 바닥을 긴 다음에야 서서히 새로운 재료가 생겨나고 하면서 다시 길고 긴 굽이굽이 상승세로 돌아선다.

장기 역경에 처한 사람도 그 흐름이 다르지 않다. 거칠 것은 다 거쳐야 하고 겪을 것이 있으면 다 겪어야 한다는 말이다.

예전에 〈슈퍼스타 감사용〉이란 영화가 있었다. 2004년 개봉 영화인데, 흥행에는 실패했으나 나름 의미 있는 영화였다고 여긴다. 프로야구 초창기 삼미 슈퍼스타즈 시절의 감사용 투수를 소재로 한 영화이다.

감사용 선수는 현재 경남대학교 야구부 감독으로 일하고 있다. 그가 겪은 인생의 역경을 소재로 이야기를 해볼까 한다.

1957년생인 감사용은 1994년이 입춘 바닥이었다. 따라서 그를 전후한 15년의 세월이 역경의 기간이었다는 말이 된다.

아마추어 시절에 뛰어난 투수였던 그는 1982년 삼미 슈퍼스타즈의 투수로 발탁되었다. 입춘 바닥으로부터 12년 전이니 사실 그때가 야구선수로선 최절정의 때였다. 입단 당시가 최고의 시절이었다는 얘기이다. 하지만 거기까지였다. 열심히 던지고 많이 던졌으나 성적은 영 아니었다. 겨우 1승만을 거두었다. 물론 삼미 슈퍼스타즈 자체가 약팀인 이유도 일부 있었다.

그 바람에 그는 1986년을 끝으로 5년간의 프로야구 투수 생활을 접어야 했다. 1994년이 입춘 바닥이니 그로부터 7.5년 전을 계산해보면 대략 그 무렵이 된다. 즉 감사용은 그때부터 역경의 세월을 만난 셈이다. 그 이후 구체적인 것은 전혀 알려져 있지 않다.

어쨌든 1994년을 전후한 15년의 삶은 그에게 그야말로 흑역사였을 것이 분명하다. 본인과 가까운 이가 아니면 어둠에 덮인 시절이니 그 외의 사람은 전혀 모른다. 그 15년의 기간은 1957년생인 그에게 서른 살에서 마흔 중반까지의 세월이었을 것이니, 한창의 세월을 어둠 속에 모두 묻었다 하리라.

2006년에 그는 국제디지털대학교 야구팀의 감독을 맡으며 다시 야구로 돌아왔지만, 그 역시 현역 시절처럼 단 1승만 거두고 1년도 채 안 되어 팀이 해체되고 말았다. 또 다시 얼마나 좌절했을까!

하지만 그에겐 다시 좋은 기회가 주어졌으니, 2007년부터 고향인 진해의 리틀야구단 감독을 맡은 것이다. 이후에 줄곧 야구의 길을 걸었고, 현재는 경남대학교 야구부 감독으로 일하고 있다. 이 얼마나 다행한 일인가!

되살아난 것이다. 길고 긴 어둠의 세월을 보낸 뒤 또 다시 살아난 것이다. 또 다시 힘차게 야구를 하면서 살아가고 있는 감사용 투수이고 감독이다.

역경의 시절에 그는 이런저런 일을 해보았겠지만 모두 신통치 않았을 것이고, 그 어둠의 시절을 견디고 다시 야구로 돌아왔다. 야구를 지망했던 사람이 평생 야구를 하면서 살아간다는 것은, 그것 자체로 성공이고 사실은 대성공이다. 그 스스로도 더 이상 바람이 없을 것이다. 좋아하는 야구를 하면서 밥을 먹고 살 수 있으니 말이다.

　역경의 세월에서 신속하게 벗어나는 신통한 방법 같은 것은 없다고 앞에서 얘기했다. 하지만 그 어려운 세월 속에서 열심히 길을 찾다 보면, 또 세월이 흘러서 연수가 채워지면, 그러면서 겪을 것을 다 겪고 나면, 희한하게도 살 길이 보이는 것이 삶과 운명의 이치이다.
　역경에 처했을 때 감사용은 살고자 애써 길을 찾았고 마침내 살 길을 열었다.
　역경이란 것 긴 인생 살다 보면 으레 만나게끔 되어있다. 살고자 하는 의지만 확고하다면 살게 되어 있고, 결국에는 잘 살 수 있는 것이 인생이다. 하지만 스스로를 괴롭히고 자책하면 그 길은 열리지 않을 것이다.

　스스로를 아끼고 소중히 하는 자는 긴 역경의 세월을 보내고 더 단단하고 튼튼해져서 힘차게 좋은 인생을 열어갈 것이다.

누구나 한 번은 출애굽기를 쓴다

나는 종교가 없다. 하지만 무료하거나 답답할 때 서가에서 《구약성경》을 찾아와서 펼친다. 소리 내어 낭독한다. 번역된 우리글이 너무나도 훌륭해서 소리 내어 읽어 가면 입에 착 감기는 맛이 정말 좋다.

《구약성경》과 더불어 사서삼경의 으뜸인 《상서(尙書)》, 이 두 가지는 '고대 문학' 중에서 더 없이 대단한 걸작, 마스터피스(masterpiece)라 여긴다. 두 가지 모두 집단의 생존과 발전 그리고 번영을 위한 치열한 투쟁의 역사, 그리고 그 과정에서 체득한 인간의 지혜로 넘쳐나는 책이기 때문이다.

누구나 한 번은 출애굽기를 쓴다

《구약》 중에선 〈모세오경〉, 특히 '출애굽기', 즉 모세가 이스라엘 백성을 이끌고 이집트를 탈출한 이야기를 즐겨 읽는다. 읽으면서 고개를 끄덕이고 때론 낄낄 거리며 웃기도 하고 때론 감동하기도 한다.

출애굽기는 그 자체로 많은 감동과 지혜를 담고 있지만, 개인적으로 애착을 갖는 나름의 사연이 있다. 왜냐면 내가 지난날 겪은 일과 본질적으로 같기 때문이다. 다시 말해서 '호호당의 출애굽기'가 있었다는 말이다. 달리 말하면 누구나 살다보면 한 번은 출(出) 애굽을 하게 된다.

출애굽기의 내용을 보면 이렇다.

모세가 이슬라엘 사람들을 이끌고 이집트를 뛰쳐나왔으나, 오랜 세월 황야를 방황하면서 따르는 무리의 마음이 날로 약해진다. 홍해에 가로막힌 절체절명의 위기에서 엄청난 힘을 보여주고, 바다를 가르고 추격해오던 파라오와 그 무리를 물속에 수장시켰을 당시만 해도 사람들은 모세의 영도력을 믿어 의심치 않았다.

하지만 황야에서 기약도 없이 엄청난 곤욕이 계속되자 사람들은 회의하고 불평한다. '이게 도대체 뭐하는 짓이지?' 사람들은 모세와 그 형인 아론을 찾아가 대들고 따진다.

"우리가 이집트 땅에서 고기 가마 곁에 앉았던 때와 떡을 배불리 먹던 때에 차라리 여호와의 손에 죽었더라면 좋았을 것을 너희가 이 광야로 우리를 이끄는 바람에 우리 모두 굶주려 죽게 생겼구나."

"당신은 어찌하여 우리를 이집트에서 끌어내어 우리와 우리 자녀, 우리 가축들로 하여금 목말라 죽게 하느냐?"

또 〈모세오경〉 중의 하나인 '민수기'에 보면 이런 불평과 투덜댐이 있다.

"누가 우리에게 고기를 주어서 먹게 할 것인가? 우리가 이집트에 있을 적에는 참으로 저렴한 가격에 생선과 외와 수박, 부추와 파, 마늘들을 풍족하게 먹은 것이 생각나건만, 이제 우리는 기력이 쇠약해졌고 그저 눈앞의 꽁보리밥 외에는 아무 것도 없는 형편이 되었구나."

내가 '나의 출애굽기'를 처음 접한 때는 2000년대 초반이었다. 1993년에 나는 직장 다니는 것이 너무나도 지겨워서 왕창 떼돈을 벌어볼 요량으로 잘 다니던 은행을 때려치웠다. 하지만 떼돈은 고사하고 한창 개고생을 하고 있을 때였다.

1955년생이니 내 나이 마흔 중반이었다. 가장이 생계를 제대로 해결하지 못하니 처자식은 날로 궁해지고 피폐해져만 갔다. 그야 말로 "우리와 우리 자녀, 우리 가축들로 하여금 목말라 죽게 할 지경"이었다.

그런 마당에 출애굽기를 읽게 되었고, 이에 이런 생각도 들었다. 이스라엘 사람들은 그나마 모세와 아론을 향해 탓을 하고 불평불만을 늘어놓을 수 있었겠지만, 나는 내 자신이 일을 저지른 것이니 누구를 원망하겠는가 싶었다. '이번 기회에 교회에 나가 하나님을 받아들이고, 하나님을 상대로 원망과 불평을 터뜨려볼까, 그러면 마음이 좀 편해지지 않을까?' 하는 생각도 했다.

은행 다닐 적에는 생활에 아무런 불편이 없었고, 스테이크나 등심, 안심 등을 물릴 정도로 먹고 다녔으며, 색다른 입맛까지 찾아다녔다. '내가 무슨 망발이 들어 그 좋던 직장 그만 두고, 얼마나 더 영화를 누리겠다고 이 거친 황야에 나와 방황하고 있단 말인가, 내가 미쳤지 미쳤어!' 하는 후회로 가득했다. 출애굽기 내용과 전적으로 동일한 상황이 펼쳐지고 있었다.

다시 '민수기'에서 이르고 있는 말을 간략하게 추려보면 이렇다.

바다를 건넜고 또 엄청 고생을 겪으며 황야를 지나서 마침내 약속의 땅인 줄 믿었던 가나안 땅의 입구에 이스라엘 사람들이 섰다. 그런데 앞서 나간 정찰대가 전하는 말에 의하면 가나안 땅엔 이미 엄청난 세력, 거인의 자손으로 여겨지는 무지막지한 놈들이 떵떵

거리며 살고 있었다.

막강한 상대가 있다는 소식을 듣게 된 이스라엘 사람들은 엄청
난 좌절감에 빠졌다. 이제 고생 끝인 줄 알았는데 그게 아니었다.
강한 상대에 비하면 자신들은 힘없는 메뚜기 떼에 불과하다는 무
력감을 느껴야 했다. 스스로 장기판의 졸(卒)인 것을 느낀 것이다.

그렇다고 다시 황야를 방황하자니 그 또한 도저히 할 짓이 아니
었다. 이스라엘 사람들은 밤새도록 울고 또 부르짖었다. 곡(哭)을
했다. 모세는 갖은 욕설과 원망을 밤새 들어야 했다.

우리가 차라리 이집트 땅에서 죽었거나 그도 아니면 이 황야에
서 죽었으면 더 편했을 것을 어찌하여 저 모세란 작자가 우리를 꼬
드겨서 저 엄청난 상대의 칼 앞에 이슬이 되게 하려는가! 할 수만
있다면 지금이라도 이집트로 되돌아가고 싶구나!

나 역시 2000년대 초반 큰돈을 벌겠다는 당초의 생각이 얼마나
웃기고 말도 되지 않는 생각이었는지 실로 처절하게 절감했다. 직
장을 떠나 직접 몸으로 세상과 태클해보니 세상과 강호의 벽은 엄
청난 철옹성과도 같았다. 가능하기만 하다면 다시 직장으로 돌아
가고 싶었다.

앞으로 나아가기란 계란으로 바위치기 격, 나는 겨우 힘없는 계
란 한 알에 불과했다. 알고 보니 한 알의 계란이었다니 이런 제기
랄! 했다. 그야말로 소태나무 껍질을 씹는 맛이었고 웅담이나 라일

미국 서부의 콜로라도 강

알고 보니 그곳은 젖과 꿀이 흐르는 곳은 아니었다.

하지만 황야에서 방황하는 동안

먹을 수 있고 마실 수 있는 그 어떤 것이든

그것을 젖과 꿀로 여기도록 내 스스로가 변했기에

내가 있는 이곳은 가나안 땅임이 확실하다.

락 잎사귀 씹는 맛이었다.

　이스라엘 백성들을 끌고 나온 바람에 갖은 욕을 먹고 원성을 들었던 모세는 결국 가나안 땅에 발을 들이지도 못하고 숨을 거둔다. 출애굽기를 읽던 2000년대 초반의 나 역시 모세처럼 가나안 땅에 들어가기 전에 죽을 수도 있으리란 생각을 했다.
　'그저 고생만 잔뜩 하다가 어느 날 훅 하고 갈 수도 있겠네, 뭐 그래도 싸지 싸, 내 스스로 바보짓을 했으니 그 대가는 지불해야지, 그런데 저 처자식은 어쩐담?' 하는 생각에 낭패감, 좌절감, 미래에 대한 두려움, 동시에 '에라 모르겠다, 그게 내 팔자지 뭐' 하는 편한 생각도 들었다.
　당시 내 처지와 모세의 처지가 너무나도 똑 같게만 느껴졌다. 나는 모세, 처자식은 이스라엘 백성, 딱 맞는 설정이었다. 공교롭게도 가장 힘든 시기에 출애굽기를 읽은 셈이고, 너무 생생하게 와 닿았던 출애굽기였다. 출애굽기를 읽고 있는 것이 아니라, 내가 쓰고 있다는 착각마저 들었다.

　우리가 살면서 어떤 시기를 맞이하여 으레 한 번은 겪게 되는 스토리다. 나만이 아니라 그 누구도 일생에 한 번은 저마다의 출애굽기를 쓰게 된다. 그 시기는 60년 순환의 운에 있어 입춘에서 입하까지 15년의 기간임을 나는 철저하게 검증하고 밝혀낸 바 있다.

내가 있는 이곳이 가나안 땅임이 확실하다

그러고 세월이 흘러 나는 어찌어찌 하여 나만의 가나안 땅에 정착해서 살고 있다. 알고 보니 그곳은 젖과 꿀이 흐르는 곳은 아니었다. 하지만 황야에서 방황하는 동안 먹을 수 있고 마실 수 있는 그 어떤 것이든 그것을 젖과 꿀로 여기도록 내 스스로가 변했기에 내가 있는 이곳은 가나안 땅임이 확실하다.

가나안이 젖과 꿀이 흐르는 땅이 되려면 그에 앞서 황야에서 충분히 고생을 해봐야 한다. 그리고 가나안 땅 역시 '어서 오시오, 기다리고 있었다오' 식의 주인 없는 무주공산(無主空山)이 아니라 이미 땅을 차지하고 있는 힘센 기득권을 죽기 살기로 쳐부수고 나서야 안착할 수 있다는 사실이다.

뿐만 아니라 가나안에 정착한 뒤에도 끊임없이 침범하려는 외적들을 예의 주시하면서 경계태세를 늦추면 어느새 또 다시 빼앗기는 가나안 땅이란 것도 알게 되었다.

처절한 투쟁의 역사, 살아남으려면 어떻게 해야 하는지, 어떻게 되면 또 다시 몰락할 수 있는가에 대한 지혜와 교훈으로 가득한 책이 바로 《구약성경》이다. 적어도 내게 있어서 그렇다.

오늘의 이 글은 철모르고 사업에 나섰다가 좌절하고 있는 사람들, 또 일자리 부족으로 고생하고 있는 취준생들, 기존의 직장에

만족할 수 없는 젊은 세대들을 생각하다가 쓴 글이다.

일자리가 없어서 결혼도 못하고 아기도 낳지 못하는 젊은이들, 오늘날 너무나도 일반적인 현실이다. 딱하다. 하지만 울고 있을 일만은 아니라고 말해주고 싶다. 아울러 정치가 당신들을 구제해줄 거라는 안일한 기대는 접어두라는 말도 해주고 싶다. 구세주는 성경 속에만 있다.

위대한 역사학자 토인비는 자신의 저서에서 "좋은 환경과 여건에서 문명이 생겨난 것이 아니라 고난하고 지난한 환경에 처한 이들이 굽히지 않고 맞서는 과정에서 인류의 찬란한 문명이 꽃을 피운 것"이라 말하고 있다. 그러니 모든 문명은 출애굽기인 셈이다. 우리 모두는 살다보면 한 번은 출애굽기를 쓰게 된다.

걱정하면서도 너무 걱정하지는 않는 것

　간밤 자정이 훌쩍 넘은 시각에 아들이 운동한다고 자전거를 끌고 나갔다. 아들의 일진 운세를 체크해보니 그다지 좋지가 않아서 살짝 걱정되었다. 한 시간이 넘어가자 왜 안 오지? 하고 은근히 신경이 쓰였다. 10분 정도 지나서 현관 쪽에서 자전거 들었다 놓는 소리가 들려와 마음을 놓았다. 걱정아, 이제 좀 저리 떨어져!

　정상적인 사람이라면 수시로 걱정을 머리에 달고 산다. 이런저런 소소한 걱정, 때론 골머리를 앓을 정도의 걱정 등등 우리의 생활에서 걱정은 줄곧 우리와 함께하는, 그러나 그다지 반갑지 않은 친구이다.

걱정이 매번 현재의 삶을 너무 짓눌러선 안 된다

며칠 전 상담에서의 얘기이다. "직장을 잃을 것 같은데 앞으로 남은 세월 도대체 뭘 먹고 살지요?" 하는 푸념이었다. 늘 듣게 되는 너무나도 익숙한 얘기. "그러네요, 걱정되시겠어요. 하지만 너무 걱정하진 마세요, 삶은 이어지는 법이니 말입니다." 이 또한 자주 해주는 말이다.

앞의 말은 당장 해결할 수 없는 것에 대한 감정적 반응이고, 내 말 역시 그저 위로일 뿐이다.

모르는 길 그리고 미래의 시간에 대해 우리는 걱정한다. 당연히 그래야 한다. 그런데 '걱정이 매번 현재의 삶을 너무 짓눌러선 안 된다'는 생각을 한다. 현재 그리고 당장 큰 문제가 없다면 앞날에 대한 막연한 걱정이 현재의 삶까지 망쳐선 안 되기 때문이다.

근심 걱정이 나쁜 것만은 아니다. 실은 긍정적인 역할을 할 때도 많다. 우리가 살면서 걱정하고 근심하는 것은 사실 우리의 삶을 더 나은 방향으로 이끌어가는 중요한 동력(動力)인 까닭이다. 근심 걱정을 하면서 궁리를 하기 마련이고, 궁리 끝에 더 나은 선택을 할 수 있다. 근심 걱정이 긍정적으로 작용하는 셈이다.

그런데 근심 걱정이 아주 부정적으로 작용을 할 때도 있다. 걱정 근심하면서 궁리하고 또 궁리해봐도 답을 얻지 못할 때도 있기 마련인데, 그 근심 걱정이 심해져서 비관적으로 될 경우 현재의 삶은 물론이고 앞으로의 일에도 좋지 않은 영향을 미친다.

그렇기에 근심하고 걱정하는 것을 적절하게 해야 하는데, 그래서 '어느 선까지 하고 어느 선에서 그칠지' 하는 문제는 삶의 중요한 '기술'이 된다. 나는 이때 필요한 마음가짐이 중용(中庸)이라 생각한다. 걱정하면서도 너무 걱정하지는 않는 마음 자세.

그런데 이 기술, 즉 중용의 마음가짐, 근심하고 걱정하다가도 어느 선에서 멈추는 요령 또는 기술은 역시 어느 정도 삶의 연륜이 쌓여야 가능해진다. 염려해봐야 더는 안 되는 선이 어느 정도이고 어느 선에서 멈출 것인지 하는 요령은 살아보면서 조금씩 대강 어림짐작이 들기에 그렇다.

서점에서《하마터면 열심히 살 뻔했다》는 재미난 제목의 책을 만난 적이 있다. 40대 초반의 젊은이다운 재치가 느껴지는 흥미로운 책이었다. '그런데 말이지 이 친구야, 열심히 살지 않기로 결심하는 것 역시 엄청난 용기와 결단이 필요하다는 사실이지' 이런 생각을 하면서 책을 내려놓았다. 어쨌거나 머리가 무거운 젊은이들에겐 그래도 나름 도움이 될 것 같았다.

"노력하면 다 이룰 수 있다"는 말을 액면 그대로 받아들이는 것은 대략 20대까지이고, 마흔 근처가 되면 스스로 자신의 역량이 가진 한계를 어느 정도 가늠하게 된다. 앞의 책도 딱 그 정도 나이의 작가가 쓴 글이다.

그리고 40대를 지나 더 나이가 들면 열심히 사는 것이 힘들긴 하지만, 그렇다고 열심히 살지 않을 도리 또한 없다는 것을 알게 된다. 근심 걱정을 떨쳐내고 싶지만 억지로 그렇게 해봐야 되지 않는다는 것 역시 알게 되고 인정하게 된다.

우리가 해외여행을 떠날 때 필요한 것은 미리 준비할 수 있지만, 인생길의 여행에서는 뭘 준비해야 할지 사전에 알 수 없다. 겪어보지 않은 이상 준비해야 할 것을 알 수 없으며, 또 미리 근심하고 걱정해봐야 대비가 되는 것도 아니다.

다른 동물과 달리 사람은 미래를 예측하려고 노력하는 동물이다. 바로 이런 이유로 사람은 늘 근심과 걱정을 머리에 달고 산다. 하는 일이 조금 어려워지면 더 어려워질 것 같아 근심하고, 반대로 잘 풀린다 해도 혹시나 다시 어려워질까 걱정하고 조심한다. 모두 장차의 상황 전개에 대한 것이다.

이처럼 우리는 미래의 상황 전개를 예측해보려고 애를 쓰고 노력하지만, 실은 그게 한계가 있다는 것 또한 알고 있다. 그런 면에서 이는 모순(矛盾)이다.

사람과의 만남에서 삶의 방향이 정해진다

그렇다면 우리의 미래 예측에 대한 노력이 실패하게 되는 까닭은 무엇일까.

사람은 사회적 동물이란 말이 있듯이, 우리 모두 사람 속에서 부대끼며 살아간다. 그렇기에 우리의 삶은 결국 살아가면서 조우하게 되는 타인과의 만남과 교류 속에서 인연이 생겨나고 또 그로 인해 인생길이 정해진다. 즉 '모든 것은 사람과의 만남 속에서 삶의 방향이 정해진다'는 말이다.

예를 들면 이렇다. 내가 아끼는 인생 후배이자 화가의 얘기인데, 어린 시절 서양의 어느 화가가 그린 그림을 보고 나서 '난 화가가 되어야겠다'는 결심을 했다고 한다. 직접적인 만남은 아니었지만, 이 역시 한 화가와의 작품을 통한 간접적인 만남이 그의 삶의 방향에 영향을 끼친 것이다.

이렇게 화가가 될 마음을 굳혔다 해도, 그것만으로 화가가 되는 것이 아니다. 이후에 좋은 그림 선생을 만나는 등 적지 않은 사람과 만나면서 점차 화가의 길을 밟게 되었을 것이다.

물론 그림에 대한 소질과 열정이 있었기에 작품을 보고 그런 마음을 가졌겠지만, 그 이후 화가가 될 때까지의 과정은 모든 것이 사람과의 만남과 교류 속에서 이루어진다는 말이다. 물론 본인 스

몸의 표정들

'걱정이 매번 현재의 삶을 너무 짓눌러선 안 된다'는 생각을 한다.

현재 그리고 당장 큰 문제가 없다면

앞날에 대한 막연한 걱정이

현재의 삶까지 망쳐선 안 되기 때문이다.

스로의 예술에 대한 열정과 노력이 뒷받침되었을 것은 당연한 얘기이고.

이처럼 우리의 미래는 타인과의 만남을 통해 생겨나고 변화하고 발전해간다. 그러나 우리는 현시점에서 앞으로 어떤 사람과 만나게 될지 사전에 전혀 알 수가 없다. 따라서 우리의 미래를 예측해보고자 하는 노력이나 의지에도 불구하고 미래를 그려내는 것은 실패할 수밖에 없다. 불가능하다.

이처럼 우리의 근심과 걱정은 장차의 일을 염려하고 걱정하는 것과 밀접한 관련이 있는데, 장차 또는 미래의 상황은 사전에 그려볼 수가 없으니, 우리가 갖는 대부분의 걱정과 근심은 사실 대부분이 불필요한 것이 된다.

하지만 우리는 그럼에도 불구하고 근심 걱정을 하면서 살아간다. 대부분이 불필요한 일이고 감정 소모이자 지력 소모이지만, 어쩔 수가 없다. 우리가 할 수 있는 최선은 내가 통제할 수 있는 범위 안의 일, 스스로 준비한다든가 노력한다든가 또는 가고자 하는 방향을 신중하게 생각해보는 것 정도이다.

이런 얘기를 하다 보니 '아니 그렇다면 당신 호호당이란 사람이 상담 고객에게 해주는 조언이란 도대체 무엇이란 말인가?' 하고 의아해하는 독자도 있을 것이다.

크게 두 가지가 있다. 하나는 미래에 그 사람이 만나게 될 환경이 어떤 식으로 전개될 것인지에 대한 얘기이다. 그 사람이 어떤 사람을 만나게 될지 본인도 모르고 나 역시 모르므로 미래의 일을 그려낼 순 없지만, 그 사람의 장차 흐름이 순탄할 것인지 역경을 만날 것인지 하는 점은 정확하게 알려줄 수 있다는 말이다.

나머지 하나는 찾아와 묻는 그 사람이 궁금해하는 일에 대해 그간의 경과와 시간의 흐름을 살펴보면, 그 일의 성사 여부를 정확하게 예단해줄 수가 있다는 것이다. 앞으로 어떤 인연을 만나서 성사가 되는지 구체적인 과정을 얘기해줄 순 없지만, 성사 여부는 대단히 정확하게 추산해볼 수 있다는 말이다.

오늘의 글은 근심과 걱정에 대한 얘기였다. 근심 걱정은 우리의 삶에 있어 긍정적인 역할도 많이 하기에 전혀 불필요하다는 얘기는 아니다. 다만 어느 선까지 할 것인지 또 어느 선에서 그걸 내려놓을 것인지 하는 요령은 삶의 중요한 기술이며, 중용의 마음가짐이 필요하다는 얘기를 했다.

미래에 만날 사람을 알 수 없는 우리이기에 우리의 끈질긴 애착과 노력에도 불구하고 미래를 그려낼 순 없는 일이란 점 역시 얘기했다.

세상이 커질수록 나만 작아지나니

우물 안 개구리 이야기

정저지와(井底之蛙), 우물 안 개구리란 말이 있다. 통찰과 역설로 가득한《장자(莊子)》의 외편 〈추수(秋水)〉에 나오는 얘기이다.

가을비가 많이 내려 황하(黃河)의 물이 마구 불어나자 황하의 신인 하백(河伯)은 "야, 내가 정말 대단하구나, 내 물이 빵빵해서 물가가 저 멀리 아득한 것이 그야말로 내가 최고가 아니겠어!" 하고 득의양양했다.

이에 황하는 호호탕탕하게 흐르고 흘러 마침내 바다로 나아갔다. 그런데 바다에 이르러보니 물이 너무나도 많아서 그야말로 끝이 보이질 않았다. 하백은 깜짝 놀랐다. "온 천지에 물밖에 없다니 이건 또 뭐냐? 나보다 훨씬 크네, 어쩜 이럴 수가!"

하백은 흠모하는 마음이 들었다. 그러자 바다의 신 약(若)이 나타나서 말했다. "우물 안 개구리에겐 말이지 바다가 크다는 것을 설명해줄 수가 없다네. 자기 주변의 좁은 공간이 세상 전부인 줄 알잖아. 그런 놈에게 바다의 크기를 어떻게 납득시킬 수 있겠어! 허 참!"

그러면서 우물 안 개구리 얘기가 나온다. 개구리가 바다거북을 만나게 되자 우쭐대며 자랑질을 늘어놓는다.

"내 사는 게 즐거워, 우물가 위로 뛰어올라 놀기도 하고, 피곤하면 깨어진 벽 틈으로 들어가 쉬기도 해. 물에 뛰어들면 양편 겨드랑이를 수면에 대고 턱을 물 위에 받치기도 해. 우물 바닥의 진흙을 발로 차보면 발등까지만 빠질 뿐 위험한 일도 없어. 장구벌레나 게나 올챙이 이런 놈들을 보면 나보다 못해. 그냥 우물 하나를 오롯이 차지하고 지배하는 이 즐거움이야말로 최고야. 야, 거북아 너도 한번 들어와 보지 않을래?"

이에 바다거북은 뭐라 할 말이 없어서 그냥 "흴!" 한다.

세상 좀 알고 보니 우물 안 개구리가 부럽구나!

세상 넓은 줄 모르는 사람을 일컫는 우화(寓話)이다. 고등학교 시절 장자의 글을 읽으면서 '그래, 모름지기 넓고 큰 세상을 눈으로 보고 느껴봐야지' 했다.

그로부터 50년이 흘렀다. 세상을 다 보진 않았으나, 세상은 넓다는 것은 충분히 알고 있다. 그래서 드는 생각이다. '우물 안 개구리로 사는 것도 그다지 나쁘지 않다'는 생각. 세상을 좀 돌아다니다보니 이젠 굳이 가보지 않아도 세상천지가 넓고 깊다는 것을 알게 되었다. 그러니 그저 좁은 식견으로 세상을 재단하는 어리석음만 경계하면 사실 우물 안 개구리도 괜찮겠다 싶다.

물론 이게 어렵다. 보지 않고 겪지 않아도 알 수 있다면 그 사람은 세상의 이치와 도리를 깨달은 자일 것이니 말이다. '멀리 나가지 않고 집안 뜨락의 나무에서 이파리 하나 떨어지는 걸 보고 천지에 가을이 온 것을 아는 경지'이니 그게 쉽겠는가!

하지만 모든 걸 떠나서 우물 안 개구리가 망망대해를 돌아다니는 바다거북보다 더 나은 것 같다는 생각이 든다.

바다거북이 산란을 위해 먼 바다에서 해안까지 와서 모래펄을 기어서 알을 낳고 다시 돌아가는 영상을 본 분들이 많을 것이다. 새들이 알들을 쪼아서 먹어치우고 그럼에도 부화에 성공한 새끼거북들이 엉금엉금 기어서 파도치는 바다로 들어간다. 동물의 세계,

개고생이다.

우물 안 개구리는 훨씬 편하다. 우물 안에서 짝만 찾을 수 있으면 번식할 수도 있고, 그러면 나머진 어려울 게 없다. 바다거북에 비하면 말이다. 그러니 우물 안 개구리 신세가 좋지 않은가!

우물 안 개구리로 남을 수 없는 세상

우리 인간이란 존재, 이른바 human being이란 동물의 신세는 분명 자연 속의 동물보다 모든 면에서 우월한 삶을 누린다.

인간은 그 자체가 사회적 동물이기에 어울려서 살아간다. 어울려 살다보니 도저히 우물 안 개구리로 남을 수가 없다. 정보통신의 발달로 인해 주변의 정보가 순식간에 퍼진다. 누가 잘 살고, 누가 잘 해먹고 있으며, 누가 어떤 짓을 했는지 금방 알 수 있다. 그러니 더더욱 우울 안 개구리로 남아 살기가 어렵다.

모두들 사회란 기본적으로 피라미드 구조란 사실을 알고 있다. 위로 올라갈수록 좁아지는 계층 구조이다.

그러니 우물 안 개구리가 되고 싶어도 도저히 될 수가 없다. 앞의 개구리의 말처럼 "내 사는 게 즐거워. 우물가 위로 뛰어올라 놀기도 하고, 피곤하면 깨어진 벽 틈으로 들어가 쉬기도 해" 하고 만

호반의 저녁

'우물 안 개구리로 사는 것도 그다지 나쁘지 않다'는 생각.
세상을 좀 돌아다니다 보니 이젠 굳이 가보지 않아도
세상천지가 넓고 깊다는 것을 알게 되었다.
그러니 그저 좁은 식견으로 세상을 재단하는 어리석음만 경계하면
사실 우물 안 개구리도 괜찮겠다 싶다.

족할 수가 없다. 우물 안 개구리야말로 세상 뭘 모르는 덕분에 안분(安分)하고 자족(自足)하면서 편히 살 수 있건만 말이다.

오늘날 사람들, 특히 우리 사회는 저마다 태어날 때 가지고 나온 분수(分數)가 있다는 것을 인정하지 않게 되었다. 분수, 자기의 처지에 알맞은 한도, 즉 주어진 몫이 있다는 것을 인정하지 않는다. 그런 것은 없다고 여긴다.

안분자족할 수 없는 시대, 스스로의 분수와 그릇을 인정하지 못하는 시대, 피라미드의 정점은 더 높아가고 중간 허리는 더욱 슬림해지는 시대, 밑은 더욱 커져가는 시대, 이런 극단의 시대를 우리는 살아가고 있다. 우린 더 이상 우물 안 개구리가 될 수 없는 시대를 살고 있는 것이다.

우물 안에서 조금은 우쭐하고 자만(自慢)하면서 살아가면 얼마나 좋겠는가. 그런데 시대는 그런 것을 용납하질 않는다.

등 따숩고 배부르면 그만이고, 젊어서 짝을 만나서 연애도 하고 운이 좋으면 자식까지 낳고 살 수만 있다면 최고인 삶인데 그걸 쉽게 허락하지 않는다, 이 시대는.

그냥 온 세상이 '오징어게임'이다.

chapter 3

나는 욕망한다, 고로 고생한다

"욕망(慾望)하기에 고생(苦生)한다.
이게 우리 삶의 진정한 모습이다."

왜 지금 간절해지는가

　사람의 운은 30년에 걸쳐 상승하고 30년에 걸쳐 하강한다. 합치면 60년에 걸쳐 오르고 내린다. 그런데 오랫동안 상담을 해오면서 그리고 인생을 60년 이상 살아보니, 예전에 알지 못했던 것을 알게 되는 경우가 있다.

　운이 상승하는 사람을 상담할 때면 그 사람에게서 어떤 간절함을 느낄 수 있었고, 반대로 운이 하강하는 사람에게선 그 간절함이 느껴지지 않았다.

　그런 경험이 누적되다보니 이제는 사주를 묻지 않고 그냥 몇 마디 말만 들어보아도, 그 사람의 운세를 거의 틀림없이 알 수 있는 경지에 이르렀다. 경험의 반복, 즉 숙달이란 이런 것이 아닌가 하는 생각이 든다.

간절한 마음을 가진 자는 운세가 상승하는 자이고, 때가 되면 나름 무언가를 얻거나 이루게 될 것이다. 반대로 간절함이 없는 자는 지금 당장은 무난하고 좋아 보여도, 때가 되면 무언가를 잃게 될 것이다.

내가 몇 마디 말만 듣고 사람의 운세를 판단할 수 있게 되었다는 말은, 어떤 이의 바람이 간절한 것인지 아니면 그냥 바라고만 있는 것인지를 구분할 수 있게 되었다는 말이기도 하다. 이게 바로 오랜 세월 동안의 운명 상담을 통해 내 깨닫게 된 것, 즉 일종의 심득(心得)이다.

간절함, 첩첩한 산을 넘으려는 의지

그렇다면 어떤 이에게 간절함이 있는지 아닌지를 어떻게 알 수 있는가에 대해 조금 얘기해보고자 한다.

세상만사 얻고자 한다면 그에 상응하는 대가(代價)를 지불해야 하는 법이다. 세상에 공짜는 없는 법이니. 따라서 간절한 자는 자신의 소망을 이루기 위해서 기꺼이 비용이나 대가를 지불할 용의가 있는 자라고 보면 된다. 크게 얻고자 하는 이는 비싸게 가격을 지불할 용의(用意)가 있어야 하지 않겠는가 말이다.

물론 여기서 말하는 비용이나 대가가 꼭 금전적인 것을 말하는 것은 아니다. 시장에 유통되는 상품이야 돈을 주면 살 수 있지만 사람마다의 소망이나 꿈, 목표, 이런 것은 상품이 아니기에 돈을 주고 살 수 없다.

우리가 인생을 살아가면서 지불하는 가장 큰 비용은 바로 삶 자체이다. 달리 말하면 저마다의 삶에 주어진 시간 혹은 세월이다. 달리 말하면 삶이라고 하는 한정된 시간의 기회비용인 것이고, 사실 그게 가장 비싸다.

가령 어떤 이가 어떤 목표를 달성하기 위해 내 인생 전체를 다 바쳐도 전혀 아깝거나 억울하지 않다고 마음먹고 이를 위해 매진하고 있다면, 그 어떤 이는 간절함을 품은 자이다. 자신의 뜻하는 바를 이루기 위해 천릿길이라도 달려가겠다는 마음, 즉 불원천리(不遠千里)의 용의가 있다면 그자는 간절함을 지닌 자이다.

원하는 것을 얻기 위해 천리만리의 험한 길을 가다 보면 갖은 노고와 어려움이 있을 것은 당연한 이치인 바, 이를 마다하지 않겠다는 마음이 바로 간절함이라 하겠다.

얻고자 하는 무엇을 위해 길을 찾을 것이고, 길을 찾다가 끝내 길이 없으면 스스로 길을 내거나 또는 험준한 산과 고개를 넘어서라도 그곳으로 가겠다는 마음이 바로 간절함이다.

이에 나는 간절함을 두고 '산을 넘는 마음'이라 표현한다. 문학적으로 과장하면 '첩첩한 산을 넘으려는 의지'가 간절함이라 여긴다.

간절함이란 어떤 거창한 것에 대한 마음이 아니다

이렇게 말하고 있으니 간절함이란 '어떤 거창한 것에 대한 마음'이라 오해할 수도 있겠다. 하지만 결코 거창한 소망에 대한 것만은 아니다. 내가 상담에서 만난 한 여자의 인생 이야기를 하면서 '간절함'에 대해 얘기해보고 싶다.

어려서 부친이 집안을 돌보지 않고 늘 바깥으로 나도는 바람에 빈곤하고 우울한 십대 시절을 보낸 분의 이야기다. 그분은 결심하고 다짐했다고 한다. 단란한 가정을 이루어서 자녀에게만은 그런 슬픔과 아픔을 안겨주지 않겠다고.

그래서 결혼을 하면서도 상대 남성의 능력이나 재력, 용모나 매력이 아니라, 가정적이고 건실한 사람인가를 우선으로 살폈다. 그런데 그게 또 쉬운 일은 아니어서, 가리고 골라 결혼을 했음에도 상황은 자신이 원하는 방향으로 흘러가지 않았다. 남편은 다른 여자와 사랑에 빠져 가정을 돌보지 않았다. 그런 가운데에도 그분은

물 빠진 서해 바다

이른바 운이 상승 중이란 말은
'일이 쉽게 풀려나가거나 뜻하지 않은 행운이 찾아드는 것'을
말하는 것이 아니다. 운이 상승한다는 것은
'간절함을 간직하고 소망을 이룰 때까지
기꺼이 어려운 길을 가겠다는 마음이 있다는 것'이다.

인내하며 자녀를 지키고 돌보는 데 전력을 다했다.

남편이 돈을 가져다주지 않아 부족한 생활비를 이런저런 잡일을 통해 메워야 했고, 그런 중에도 자녀들을 최선을 다해 보살폈다. 이렇게 세월이 흐르는 사이에 남편은 암에 걸려 세상을 떠났고, 그분은 일손을 놓지 않고 이어가며 아이들을 홀로 챙겼다. 간단히 말하면 평생 고생만 하며 산 것이다.

결국 두 자녀는 모두 훌륭하게 성장했다. 아들은 변호사가 되어 활발하게 활동하고 있고, 둘째인 딸은 유학을 다녀와서 외국계 금융회사에서 전문가로 일하고 있다고 한다.

어언 나이 일흔을 훌쩍 넘기고 손자를 셋이나 둔 할머니가 된 그분은 자신의 삶은 그냥 전쟁터였다고 회고했다. 이제 더는 바라는 것도 없고 그냥 건강이나 돌보면서 살면 되는 것 아니냐고, 심정을 토로했다.

"더 이상 제겐 어떤 간절한 마음은 없습니다. 어쨌거나 소망하는 바를 이루었으니 말입니다. 사랑받으며 살아온 인생은 아니지만, 그렇다고 제 인생이 실패한 것은 아니잖아요. 사실 저는 크게 성공했죠. 먼저 간 남편이 좋은 사람이라 하긴 그렇지만, 그래도 가끔 그리울 때가 있네요. 제가 미쳤나 봅니다."

그분의 사주팔자를 살펴보니 스무 살 시절이 60년 운세 순환에 있어 입춘 바닥이었다. 이십대 후반에 결혼했고, 남편을 잃은 것은 40대 후반의 때였다. 억척같이 일하면서 재래시장 한구석에 어렵게 얻은 가게가 잘 되는 바람에 자녀들 학비도 댈 수 있었고 또 재산도 좀 불릴 수 있었다고 한다.

그분의 운세는 다시 입춘 바닥이 얼마 남지 않은 상태였다. 하지만 "소원을 이루었으니 아쉬울 것도 없다"는 그분의 말에 나는 고개만 끄덕일 뿐이었다. 그저 "잘 살아오셨네요. 훌륭하십니다, 성공하셨습니다."라고 말할 뿐이었다.

위로의 말이 아니라 진심으로 그렇게 여겼다. 비록 단란한 가정을 이루었다고 말하긴 어렵지만, 그분은 긴 세월 간절한 마음을 잃지 않고 인생의 산과 물을 수없이 넘고 건너왔기에 그렇다.

그분의 인생사에 대해 언젠가 약간 각색해서 글로 남기고 싶다고 말을 드렸더니 그래도 좋다고 고개를 끄덕였다. 그런데 그간 잊고 지내다가 오늘 문득 간절함에 대해 얘기를 하다 보니 생각이 나서 사례로 소개하였다.

스스로 노력하는 마음,
그건 간절함에서 온다

이른바 운이 상승 중이란 말은 '일이 쉽게 풀려나가거나 뜻하지 않은 행운이 찾아드는 것'을 말하는 것이 아니다. 운이 상승한다는 것은 '간절함을 간직하고 소망을 이룰 때까지 기꺼이 어려운 길을 가겠다는 마음이 있다는 것'이다. '고생을 하더라도 열정을 가지고 고생을 마다하지 않는 마음'이 있다면, 운이 상승 중이라는 얘기이다.

운이 하강한다는 말은 '원하는 바를 성취했거나 또 그로 인해 이제 또다시 천릿길을 떠날 생각이 없거나 그런 열정이 없는 것'이다. 운이 하강 중이라는 얘기이다.

"하늘은 스스로 돕는 자를 돕는다"는 말이 있다. 스스로 노력하는 마음, 그건 간절함에서 온다. 사람들은 어려울 때 흔히 귀인(貴人)을 찾기도 하지만, 귀인 역시 스스로 노력하는 자를 돕는 법이다.

소망이 있고 그를 위해 기꺼이 비용을 치를 용의가 있다면 그건 간절함이 있는 것이고, 소망이 있지만 그를 위해 비용을 치를 용의가 없다면 그건 그저 헛된 바람인 셈이다.

백년하청(百年河淸)이란 말은 어느 세월에 일이 이루어지겠느냐는 뜻으로 쓰이지만, 백 년이 걸려서라도 일이 이루어질 수만 있다면, 이를 희망으로 삼아 노력하는 자가 있다면, 이 사람이야말로 진실로 간절(懇切)함을 가진 자가 아니겠는가.

나는 욕망한다, 고로 고생한다

왜 우리는 늘 고생을 겪어야 하는 것일까?

"피겨 스케이트 선수 생활을 하면서 행복했던 기억은 별로 많지 않다. 다만 어떤 순간을 기다렸기에 포기할 수 없었다. 선수 생활 17, 18년 중에서 힘겨웠던 기억이 80~90%였다."

피겨여왕 김연아가 한 인터뷰에서 털어놓은 그간의 소회(所懷)이다. 절로 입가에 미소가 그려진다. 그래, 세월이 좋아도 고생이고 세월이 나빠도 고생이란 생각.

흔히 사람들은 좋은 운세를 맞이하면 즐겁고 편안할 것으로 생각한다. 그러나 보라, 김연아는 선수 생활 내내 대부분이 고생이었다고 말하고 있지 않은가. 운이 좋아도 고생이고, 운이 나빠도 고생인 것이 우리의 삶이다. 행복했던 기억 혹은 추억은 참으로 얼마 되지 않는다.

운이 좋을 땐 고생을 하지만 성취와 보람이 따르고, 운이 좋지 않을 땐 나름 노력을 하고 고생을 해도 성취와 보람을 얻을 수 없다는 차이가 있을 뿐이다. 운과 관계없이 고생하는 것은 마찬가지라는 말이다. 삶은 이처럼 늘 고생이고 그래서 힘들다.

그런데 왜 우리는 늘 힘들게 살고 또 고생을 겪어야 하는 것일까? 도대체 그 이유가 무엇일까?

사람은 늘 지금의 처지에 그냥 머물기보다는 발전하려 하고 더 많은 것을 원하기 때문이다. 간단히 말하면 끊임없이 욕구하는 것이 인간이다.

욕구하고 욕망하는 인간은 그 욕구와 욕망을 달성하기 위해 스스로를 부단히 힘들게 하기 마련이니, 이를 두고 나는 고생이라 부른다. 욕망(慾望)하기에 고생(苦生)한다. 이게 우리 삶의 진정한 모습이다.

다만 운이 받쳐주면 더러 성취하기도 하지만, 운이 받쳐주지 않으면 성취할 수 없을 뿐이다. 그런데 그 또한 별반 차이도 없는 것이, 성취하는 순간의 기쁨과 행복은 정말이지 삽시간에 손안에서 빠져나가기 때문이다. 그것은 마치 공기와도 같다. 그러니 다시 돌아와서 말하면, '욕망하기에 고생하는 것'이 삶의 실상(實相)이다.

적당히 욕망하면 적당히 고생한다

"욕망은 미망(迷妄)과 무명(無明)에서 오는 것이니 거기에서 벗어나면 욕망의 불길도 사그라지고 이에 고생으로부터 벗어난다"고 가르친 사람이 바로 석가모니이다.

젊은 시절 나는 부처님의 말씀이 실로 옳다고 여겼다. 그래서 부처님의 말씀처럼 살아봐야지 하는 마음도 먹은 적이 있다. 하지만 정작 살아보니 욕망에서 벗어난다는 것이 도저히 승산(勝算) 없는 게임이란 사실을 인정하지 않을 수 없었다.

세속을 떠나 수도하면서 살면 모를까, 세간살이 하면서 욕망과 싸워서 이기겠다는 생각이야말로 세상에서 가장 미련한 생각이 아닌가 한다.

"묵은 생강 맵다"는 말처럼 나도 이젠 터무니없는 짓은 하지 않는다. 산전과 수전을 두루 겪어본 터라 그렇다. 그래서 정한 방침이 있다. 욕망과 끊임없이 타협하고 조정을 보면서 살아가기로.

아무튼 욕망은 정말 불길과도 같아서 그냥 두면 걷잡을 수 없게 된다. 그만큼 성질이 아주 더러운 놈이고 자기주장밖에 모르는 아

사막 까마귀

욕구하고 욕망하는 인간은
그 욕구와 욕망을 달성하기 위해
스스로를 부단히 힘들게 하기 마련이니,
이를 두고 나는 고생이라 부른다.

욕망(慾望)하기에 고생(苦生)한다.
이게 우리 삶의 진정한 모습이다.

주 거친 놈이 바로 욕망이다.

그런 성질 사나운 욕망이기에 살살 다루기로 한 것이다. 물러서기도 하고 달래기도 하고 때론 밀어보기도 하면서 욕망과 끊임없이 흥정해가면서 살기로 했다. 욕망과 적절히 타협할 수 있다면 고생도 적당히 할 수 있게 된다. 혹시라도 욕망을 모조리 박멸하거나 모조리 내려놓을 생각 같은 것은 아예 하지 않는 것이 좋겠다.

이게 나 호호당이 수십 년간 강호(江湖)에서 무수한 실전(實戰)을 통해 연마한 기술이고 비기(秘技)이다.

우리가 국가에 세금을 내면서 살아가듯 '삶의 공화국'에선 고생을 적당히 치르고 지불하면서 살아가야 한다. '가끔씩 왜 이리 세금이 많은가' 하며 데모 좀 해도 물론 무방하다.

김연아의 말처럼 운이 좋아도 고생이고 운이 나빠도 고생이니, 따라서 '욕망한다, 고로 고생한다'는 이 명제(命題)는 '참'이고, '적당히 욕망하면 적당히 고생한다'는 말도 '참'이다.

그렇다면 적당히 욕망하는 방법 혹은 요령은 무엇일까? 내친 김에 마저 얘기해보자.

욕망하다가 그 결과 고생이 너무 심하다 싶으면 그 욕망을 조금 줄여보고, 욕망해도 그에 따른 고생이 그런대로 견딜 만하면 좀 더 밀어붙여보는 것이다. 먹히면 밀어붙이고 안 먹히면 발을 빼는 것. 일률적으로 정해진 욕망의 양은 없기 때문이다.

고생이라고 두루뭉술하게 말하고 있지만, 사실 고생도 저마다 무수한 맛이 존재한다. 천차만별이다. 신맛, 쓴맛, 매운맛 등을 기본으로 몇 가지 맛과 향이 섞여서 무한한 맛과 향을 내는 것이 고생이다. 심지어는 그 사이에 간간이 단맛마저도 나는 것이 고생이다.

그렇기에 좋은 운이라 해도 좋은 일만 있는 것이 아니요, 나쁜 운이라 해서 나쁜 일만 생기는 것이 아니다. 운마다 인생의 계절마다 고생의 종목이 다를 뿐이라 말하면 너무 시니컬한가?

욕망과 싸우지 말기를. 물론 싸워 봐도 괜찮다. 나중에 절로 그게 승산이 있는 게임이 아니란 사실을 알게 될 것이니. 욕망하기에 고생하는 것이 삶의 진정한 모습이다. 이에 욕망과 타협해가면서 살면 고생도 적당히 하게 될 것이다.

마지막으로 고생하기가 정말 싫다는 분을 위해서 말씀을 드린다. 너무 걱정할 일 아니라는 것, 다 때가 되면 우리 모두 죽기 마련이고 죽으면 욕망도 없고 고생도 없다는 것이다.

반대로 말하면 삶은 욕망이고 고생이다. 또 말하면 고생은 살아 있는 자만의 명예로운 훈장 같은 것이다.

돈은 고통이다

불교에선 이 세상을 사바세계(娑婆世界), '참고 견뎌야만 살아갈 수 있는 세상'이라 한다.

하지만 나는 반대로 받아들인다. '산다는 것은 그 무게를 감내해도 좋을 정도의 그 무엇이 있기에 이어질 수 있는 것'이란 생각이다. '충분한 고통이 있다면 그에 상응하는 넉넉한 즐거움 또한 있기에 삶이 나름의 균형을 잡지 않겠는가' 하는 생각이다. 설령 삶이 고통으로 가득하다는 말이 맞다 해도, 그로부터 해방시켜주는 죽음이 있지 않는가 말이다. 그러나 이런 위안의 말은 일단 접어두기로 하고, 살아감에 있어 분명 감내해야 하는 고통의 무게가 있다는 사실을 인정하기로 하자.

'돈의 총합'은 '고통의 총합'이다

세상의 고통(苦痛)에 대해 면밀히 들여다보노라면, 역사의 발전 과정에서 인간사회는 고통의 처리 방식을 지극히 정교하고 합리적인 방식으로 발전시켜왔음을 알 수 있다.

인간은 삶에서 빚어지고 생겨나는 다양한 고통을 어떤 식으로 처리하고 있을까? 바로 '돈'이라는 물건을 통해서이다.

돈은 인간사회가 고통을 처리하기 위해 만들어낸 최고의 물건이다. 따라서 돈의 본질은 고통(苦痛)이며, 돈의 총합은 '고통의 총합, the sum of all pain'이다.

가령 당신의 수중에 1,000만원이 있다고 하자. 그것은 타인의 고통을 1,000만원어치 들고 있다는 말과 같다. 당신이 1,000만원을 사용하는 순간 타인은 1,000만원어치만큼의 고통의 책임을 완수해야 한다.

일당 10만원인 인부(人夫)가 있다고 하자. 당신은 그 인부를 100일 동안 일을 시킴으로써 고생시킬 수 있다. 당신이 월급 300만원의 회사원이라면, 회사의 주인은 매달 300만원을 주는 대신 당신을 그만큼 고생을 시킨다. 회사 주인이 보기에 당신의 고생이 300만원에 못 미치는 것 같다면, 얼마 가지 않아서 당신은 그 고생의 현장, 이른바 일자리에서 떠나게 될 것이다.

돈이 소중한 이유는 그것이 타인이 나를 대신해서 감내해야 하는 고통의 양이기 때문이다.

그렇기에 사람들은 돈을 벌기 위해 모든 일을 무릅쓴다. 과장되게 표현하면 눈이 벌겋다. 나아가서 경제활동이란 결국 고통을 남에게 전가시키기 위한 치열한 투쟁이다.

가령 '평생 먹고 살 수 있는 돈을 벌었다면, 평생 내가 짊어져야 할 고통을 남에게 안겨줄 수 있는 권리를 획득했다는 말'과 같다. 고통을 지불하는 행위를 경제학자들은 달리 표현해서 노동(勞動)이라 부른다.

일할 권리를 달라

최근엔 일할 권리, 즉 노동할 수 있는 권리라는 말이 관심을 받고 있다. 능히 이해는 가지만 거리를 두고 보면 이게 좀 웃기는 말이다. '고통을 감내할 권리를 달라'는 것이니 말이다. '먹고 놀 수 있는 권리를 다오!', 차라리 이런 구호를 외친다면 납득이 가겠지만.

그런데 '고통받을 권리', 즉 '일할 권리'라는 개념은 참으로 우회적인 주장이 아닐 수 없다. 예전에 "야 이놈아, 허구한 날 빈둥대지 말고 일 좀 해라!" 이런 말을 듣고 살던 우리가 오늘에 이르러 일할 권리를 달라니, 이게 도무지 무슨 말인지 참 이상한 세상이 되

속필의 명동 스케치

었다. 이해가 가면서도 한편으론 이해가 가지 않는다.

'일할 권리'란 말 속에 담겨있는 본뜻은 이렇다. '적은 고통을 지불해서 돈을 벌고 그 번 돈으로 남들에게 더 많은 고통을 안겨줌으로써 나는 대신에 약간은 더 편하게 살아보자'는 말이다.

결국 노동단가, 임금의 문제로 귀착된다. 오늘날과 같은 글로벌 세상에서 저임금 노동은 후진국이나 저개발국, 개발도상국 사람들의 몫이다. 물론 우리 사회 내에도 임금은 천차만별로 층이 져 있지만 말이다.

어쨌든 돈은 '고통을 축적 또는 교환하고 전가하는 수단'으로, 인류사회가 만들어낸 최고의 발명품이란 말이다.

성공의 문이 열리는 때

왜 어떤 이는 성공하고 어떤 이는 실패하는가

어떤 이는 성공하고 어떤 이는 실패한다. 그렇다면 그 성공과 실패는 어떤 대목에서 어떤 까닭으로 나뉘는 것일까? 성패의 갈림길은 무엇일까 하는 얘기이다.

나는 늘 60년에 걸친 운(運)의 순환(循環)에 대해 얘기하고 있다. 그 순환은 마치 우리가 해마다 겪는 사시사철, 즉 봄, 여름, 가을, 겨울과 동일한 것이란 얘기도 하고 있다. 다시 말하면 한 계절이 15년으로 이루어지고 합쳐서 60년을 보내면 그게 한 해를 보내는 것과 같다는 뜻이다.

농부는 자연의 순환에 때를 맞추어 농사를 짓는다. 자연의 순환에 따라 농사를 짓는다는 것은 봄에 씨를 뿌리고, 여름에 기르며, 가을에 거두고, 겨울이면 비교적 한가하게 시간을 보내는 것을 말한다.

농사를 잘 지으려면 봄철, 정확히 말하면 4월 20일경에 볍씨를 뿌려야 한다. 5월 중순 또는 하순에는 모내기를 해야 한다. 가뭄 등으로 늦어져도 6월 22일경의 하지(夏至)까지는 모내기를 해야 한다. (옛날에는 하지까지 비가 내리지 않으면 간절한 마음을 모아 기우제를 지냈다.)

그렇기에 가을의 수확을 결정짓는 것은 여름이나 가을의 일이 아니라 봄에 씨를 얼마나 잘 뿌렸는지, 그리고 얼마나 순탄하게 모내기를 했는가이다. 늦은 봄에서 초여름에 걸쳐 씨를 뿌리고 모를 낸다는 것은 때의 흐름, 즉 시운(時運)에 맞추어 농사를 짓는다는 얘기가 된다.

늦은 봄과 초여름의 10년

그러니 시작하는 일이 사업이든 공부든 그것이 무엇이든 간에 성공을 하려면, 그 시작하는 시기가 어떤 사람의 운의 흐름에 있어 늦은 봄과 초여름이어야 한다.

이를 60년 운의 흐름에 대입해보면 입춘 시작점으로부터 12.5년에서 22.5년에 이르는 시기, 즉 그 10년간의 세월 안에 시작해야만 그 일이 성공한다는 말이다.

이 시기에 시작하는 사람은 훗날의 성공을 기약했다고 말해도 무방하다. 물론 성공이나 성취의 크기는 그 사람의 타고난 자질, 운명학적으로 말하면 타고난 명(命)에 달렸다고 하겠으나, 사실 그거야 무슨 상관이 있으랴. 분수(分數)만큼 가져가면 되는 세상인 것을.

몇 가지 예를 들어본다.

마이크로소프트의 창업자이며 세계 최고 부자인 빌 게이츠는 1955년생인데, 운세를 보면 태어나기 3년 전인 1952년이 입춘 시작점이었다. 그로부터 22.5년이 지난 1975년에 창업을 했다. 절기(節氣)로 말하면 운명의 하지(夏至)에 사업을 시작한 것이고, 타고난 자질이 있어 엄청난 성공을 했다.

미국이 급격히 산업화하던 19세기 후반의 대부호 존 D. 록펠러는 입춘 시작점으로부터 10년이 지난 시점에 석유정제업에 뛰어들었고, 18년이 흐른 시점, 절기로 말하면 양력 5월 하순인 소만(小滿) 무렵에 '스탠다드 오일'을 창업했다.

삼성그룹을 만들어낸 이병철 회장은 1938년이 입춘 시작점이었는데, 13년이 흐른 1951년에 삼성물산을 창립하면서 재벌의 길을 닦았다. 60년 운세 흐름을 절기로 말하면 4월 하순경, 즉 씨를 뿌리는 시기에 씨를 뿌렸던 셈이다.

입춘 시작점으로부터 12.5~22.5년 사이에 시작해야 성공할 수 있다는 말을 했는데, 이보다 조금 더 일찍 시작해서 성공하는 경우도 드물긴 하지만 없는 것은 아니다. 이런 경우 초기에 상당한 시련을 겪으면서 성장해간다.

예를 들자면 삼성의 이건희 회장은 1972년이 입춘 시작점인데 1983년 반도체 사업이 유망하다고 부친 이병철 회장을 설득하고 졸라서 시작했다. 절기로 말하면 4월 초의 청명(淸明)이 조금 지난 시점이었다. 그런 까닭에 삼성의 반도체 사업은 처음 몇 년간 상당한 시련을 겪어야 했다. 이병철 회장은 1987년 임종 시에도 반도체 사업을 걱정했다고 한다.

지금까지의 사례는 많은 사람이 알고 있는 성공 스토리이지만, 사실 그것과 상관없이 누구든지 입춘 시작점에서 12.5~22.5년 사이의 10년 동안에 어떤 일을 시작하면 성공이 보장된다. 어떤 일이든 상관이 없고 모두가 마찬가지이다. 가령 앞에서 말한 시기 안에 직장에 들어갔다면 그 사람은 직장인으로서 분명히 충분한 성공을 보게 되어 있다.

결혼 또한 마찬가지이다. 결혼이야말로 인생에 있어 가장 중차대한 비즈니스가 아니겠는가. 이 또한 입춘 시작점으로부터 12.5~22.5년 사이에 결혼할 경우 대단히 성공적인 결혼 생활을

맑은 물, 강마을을 끼고 도니

그렇기에 가을의 수확을 결정짓는 것은
여름이나 가을의 일이 아니라
봄에 씨를 얼마나 잘 뿌렸는지,
그리고 얼마나 순탄하게 모내기를 했는가이다.

하게 된다. 결혼 이후에 집안도 번창하게 되고 자식 농사도 잘 짓게 되며 부부 사이도 화목하다.

나아가서 이 이치는 사람의 일에만 해당하지 않는다. 우리 대한민국은 제2차 대전 이후 가장 성공한 대표적인 나라에 속한다. 그렇다면 무슨 까닭으로 우리가 그런 대성공을 거둘 수 있었던 것일까? 그 이유 또한 간단하다. 대한민국의 입춘 시작점은 1964년이었다. 따라서 그로부터 12.5~22.5년 후는 1976~1986년 사이의 기간이 된다. 바로 그 기간 동안 우리는 중화학공업 육성에 모든 것을 걸고 투자했기에 대성공을 거둘 수 있었던 것이다. 이는 누가 뭐라 해도 독재자 박정희 대통령이 남긴 불멸의 공업(功業)이 아닐 수 없다.

어려움 속에서 강하게 단련된 자

이처럼 사람이든 나라든 앞에서 말한 기간 사이에 시작한 자만이 성공할 수 있다는 얘기를 하고 있는데, 그렇다면 이런 궁금증이 생겨난다. '왜 그 기간에 시작해야만 성공할 수 있느냐' 하는 궁금증이다. 《맹자(孟子)》의 다음 구절을 보자.

"하늘이 장차 사람에게 큰일을 맡기려 할 때에는 반드시 먼저 그 마음과 뜻을 괴롭히고, 그 사람의 근골(筋骨)을 수고롭게 하며, 그 사람의 몸을 굶주리게 하며, 생활을 궁핍하게 만들면서 하고자 하는 일을 어렵게 흔들어대느니라. 이로써 그 사람의 인내심을 길러서 그 이전엔 불가능하던 일도 능히 할 수 있게끔 하느니라."

《성경》에도 이와 유사한 구절이 있다. 그러니까 큰 성취를 보기 위해선 그 이전에 그 사람을 바짝 조이고 힘들게 할 필요가 있다는 말인데, 60년 순환에 있어 가장 힘든 고난의 시기는 입춘 시작점으로부터 대략 12.5년까지의 기간이다.

따라서 큰 고난을 겪고 크게 고생한 사람이어야만 그 마음이 간절(懇切)해져서 어떤 일을 시작하든 열과 성을 다해 그 일을 해갈 수 있다는 말이다.

그러니 알고 보면 성공의 이유는 간단하다. 큰 어려움 속에서 의지(意志)가 강하게 단련된 자만이 성공할 수 있는 것이다.

우리 대한민국 역시 1964년 국운의 입춘(立春) 무렵 전 세계에서 가장 빈곤한 나라였다는 사실, 그렇기에 전 국민이 고난과 결핍 속에서 단련되었고 훗날의 대성공을 기약할 수 있었던 것이다.

모든 부모는 자녀가 좋은 환경에서 성장하기를 바란다. 당연한 인지상정(人之常情)이다. 하지만 좋은 환경에서 성장한 아이, 큰 고생 없이 유복하게 성장한 아이는 다소 뜻밖의 얘기이지만 크게 성공하지 못한다. 사실이 그렇다.

이 세상은 참으로 치열한 경쟁의 마당이기에 헝그리 정신이 없는 사람은 제아무리 머리가 좋고 자질이 뛰어나다 해도 성취는 기대에 미치지 못한다.

달리 말하면 사람은 인생의 어느 시기에 크게 바닥을 쳐야만 대오각성(大悟覺醒), 크게 깨닫게 되고, 그로써 분발하게 된다는 말이다.

이제 전투와 생산의 때가
시작된다

입하, 자연이 가장 가난할 때

입하(立夏)는 24절기 중에서 여름을 알리는 절기이다. 하지만 사람들은 아직은 늦봄이지 여름이 되었다고 여기진 않는다. 피부로 느끼는 여름, 즉 열기(熱氣)의 여름은 5월 20일 무렵의 소만(小滿)부터라 하겠다.

해마다 5월 초의 이맘때, 즉 입하 무렵은 한 해를 통틀어 자연이 가장 가난할 때이다. 자연만이 아니라 자연 속의 모든 생명 역시 가장 빈곤할 때이다.

바깥을 내다보면 푸른 하늘 아래 신록이 나오고 새들이 힘차게 날아다니건만 어떤 이유로 가장 빈곤할 때라 하는가? 만물이 그야 말로 싱싱하게 약동(躍動)하는 이 좋은 계절을 두고 가장 빈곤할 때라니, 실로 대단한 모순이자 역설로 여겨질 것이다.

하지만 '입하 무렵에 자연은 가장 가난하다'는 말은 사실이고 진실이다. 예컨대 나무가 가장 영양이 풍부하고 건강할 때는 11월 8일 경의 입동(立冬), 즉 겨울이 시작될 무렵이다. 이 무렵 나무는 여름내 광합성을 통해 만든 영양분의 축적이 최고조에 달한다. 그뿐만 아니라 매달고 있던 나뭇잎 속에 남아있던 엽록소(일종의 자양분)를 몸속으로 다시 회수한 다음 낙엽으로 털어낸다. 이제 소용이 없으니.

이렇게 쌓아놓은 자양분으로 이듬해 봄까지 지낸다. 다시 말해서 겨울 동안 나무는 소비만 할 뿐 더 이상의 영양분을 생산하지 않는다는 얘기이다. 그런 까닭으로 나무는 한 해 중에 입동 무렵, 낙엽이 질 무렵에 가장 영양이 풍부하다. 그러고 겨울이 온다. 나무는 겨울잠에 든다. 최소한의 생리 활동만 하면서 자양분을 조금씩 소비해간다. 더 이상의 생산은 없다.

그렇다면 언제까지 생산은 없고 소비만 하게 되는가? 답은 간단하다. 해가 바뀌어 새 잎사귀를 만들어서 광합성을 시작할 때까지 생산은 없고 소비만 있다.

나무가 새 잎사귀를 만들어 광합성을 시작하는 때는 평균적으로 바로 입하 무렵이다. 벚나무와 같은 나무는 4월 중순부터 새잎을 만들어 광합성, 즉 생산에 들어가지만 평균적으로 나무가 광합성을 시작하는 시기는 입하 무렵이다.

그런데 이 대목에서 또 하나의 변수가 있다. 새잎, 우리가 신록(新綠)이라 부르는 그 잎사귀들을 만들어내기 위해선 그 역시 다량의 자양분을 지출해야 한다는 점이다.

나무가 새 잎사귀를 만들기 위해 자양분을 별도로 준비하기 시작하는 때는 2월 초순, 즉 새해가 시작되는 입춘 무렵부터이다.

그렇기에 입춘 무렵이 되면 나무는 고민 또는 딜레마에 빠진다. 광합성을 통해 신규 생산을 하려면 5월 초순의 입하는 되어야 한다. 그런데 그때까지 먹고 살 자양분에 그다지 여유가 없다. 그런데도 새 잎사귀를 만들어내려면 그 역시 다량의 자양분이 필요하니 별도로 비축해야 한다. 일종의 신규 투자를 위한 자양분이 필요한 것이다.

따라서 입춘부터 나무는 새잎을 만들기 위한 자양분도 필요하고 아울러 5월 초의 광합성을 시작할 때까지 소비할 자양분도 필요하다. 어느 쪽에 더 비중을 두느냐 하는 문제, 이미 그간에 축적한 자양분은 신규 투자는 고사하고 5월 초까지 먹고 살기도 빠듯한 판국에 훗날의 생산을 위해 별도의 자양분을 따로 남겨야 하는 어려운 문제인 것이다.

이를 사람으로 바꾸어 얘기해보자.

은퇴한 지 얼마 안 된 한 퇴직자가 있다고 하자. 퇴직을 했으니 퇴직금을 뭉칫돈으로 받았다. 퇴직자는 많은 생각을 하게 된다. 일단 매달 생활에 들어갈 비용을 계산할 것이고, 아울러 계속해서 소비만 할 순 없다는 생각에 작은 가게라도 하나 열어볼 생각도 할 것이다.

앞엣것은 일용할 양식인 것이고, 뒤엣것은 투자용 자금이다. 투자할 자금을 크게 잡으면 매달의 생활비를 줄여야 할 것이고, 그 반대로 하면 투자할 자금이 적어서 다른 경쟁자에 비해 불리할 것이다.

전전긍긍 많은 고민을 거듭하다가 어느 시점이 되면 그냥 소비만 할 순 없다는 생각을 하게 되고 이에 결심, 즉 가게를 하나 열기로 마음을 가져야 할 때가 온다. 앞으론 인생 100세라고 하는데 도저히 소비만 해서는 감당이 될 것 같지 않은 탓이다.

그런 와중에 생각지도 않던 비용 지출도 생기게 된다. 자녀 학비라든가 결혼 비용 같은 거 말이다. 그 바람에 당초 생각보다 자금이 더 줄어든다. 생활비도 더 아껴서 쓰는 마당에 이제 가게를 하나 열어야 한다고 결심하게 되면 당사자의 마음이 얼마나 떨리고 걱정이 클 것인가.

강아지에 대한 추억

5월 초부터 여름이다. 활동하기 좋은 계절이다.

달리 말하면 나가서 생산하고 또 싸우기 좋은 계절이다.

생산이 바로 싸움이다.

5월부터 6개월간 그러니까 11월 초의 입동까지

각자는 각자만의 전쟁에 나서는 것이다.

입하, 죽기 아니면 살기의 때

퇴직자의 고민이나 나무의 입장, 즉 새해가 되어 새잎을 만들 자금과 함께 소득이 생길 때까지 먹고살 자금을 동시에 생각해야 하는 나무의 고민이나 하등의 차이가 없다.

게다가 나중에 필요하게 될 투자 자금을 사전에 정확하게 계산해놓기도 어려울 것이고, 당초의 계산이 어긋날 확률도 크다는 사실이다. 그런 까닭에 정작 결심을 해야 할 시점이 되면 이도 저도 결정하기 어려운 상황에 내몰리게도 된다.

우리 인간이 그렇듯이 나무 또한 정확하게 계산해놓고 겨울잠에 드는 것은 아니다. 겨울이 더 혹독하게 추울 경우 그를 견디기 위한 자양분의 소비나 비용이 더 많아질 수도 있다는 얘기이다.

나무의 입장에서 입하는 이제 과감하게 신록을 매달아 놓고 생산에 들어가는 때이다. 혹시라도 인근의 나무가 가지를 더 높이 올려 잎사귀를 매다는 바람에 자신에게 떨어질 그야말로 피와도 같이 소중한 햇빛을 가로챌 수도 있을 것이다. 나무들 역시 인근의 나무는 라이벌이다.

그렇기에 5월 5일의 입하는 자연의 모든 생명이 가장 궁핍한 상태에서 이판사판 승부수를 던지며 치열한 생존경쟁에 본격 돌입하는 때다. 그런 사정을 모르는 우리 사람들은 그저 '5월은 푸르구나', '만물이 약동하는구나' 하는 감상을 얻지만 알고 보면 치열한 삶의 게임, 생존경쟁이 바야흐로 '요이 땅', 하고 시작하는 살벌한 계절이라 하겠다.

자연 속의 모든 생명이 그렇다. 새들 역시 겨우내 단백질을 제대로 먹지 못해 몸이 허약한 때가 입하의 때이다. 풀벌레가 나와서 돌아다녀야만 열심히 영양을 섭취할 터인데 아직은 이르고, 그 와중에 새들은 입하 무렵에 짝짓기까지 한다. 애도 낳고 키우면서 영양분을 스스로도 벌충하고 또 새끼들까지 먹여야 하니 새들 역시 대단히 고달플 때, 죽기 아니면 살기의 때가 지금 입하 무렵이다.

몸매가 작아서 보기에 대단히 귀여운 물총새를 보자. 봄에 번식을 하는데 새끼들을 부양하기 위해 입하 무렵부터 아비 수컷은 하루에 50마리 정도의 작은 물고기를 사냥해야 한다고 한다. 하루 종일 아내가 새끼들을 지키고 있는 둥지로 50여 마리를 물어서 운반해야만, 부부도 먹고 새끼들도 부양할 수 있다고 하니 그 얼마나 피곤한 때인가!

5월은 하늘이 푸르고 해가 길어지며 신록이 나오고 만물이 약동하는 계절이지만, 동시에 자연 속의 생물들은 가장 빈곤하고 그렇기에 한 치도 양보 없는 치열한 생존경쟁을 시작하는 때이다.

60년에 걸친 운명의 순환에 있어서도 입춘 바닥으로부터 15년이 경과한 입하의 때가 되면 그 사람은 가장 빈곤하고 부실한 상황에 처한다. 하지만 살기 위해선 이를 악물고 싸움에 나서야 한다. 그렇지 않으면 도태되기 때문이다. 그래서 나는 입하의 때를 힘그리 복서의 때라고 말한다.

5월 초부터 여름이다. 활동하기 좋은 계절이다. 달리 말하면 나가서 생산하고 또 싸우기 좋은 계절이다. 생산이 바로 싸움이다. 5월부터 6개월간 그러니까 11월 초의 입동까지 각자는 각자만의 전쟁에 나서는 것이다.

chapter 4

산다는 것은 전력을 다해 앞으로 달려가는 것이다

인간 : 저는 그저 적당히 살고 싶습니다.

신 : 적당히 살고 싶다고?

신 : 그럼 미친 듯이 노력해라.

-〈나무위키〉

잘 살려면 잘 싸워야 한다

예전에 어떤 글에서 '사랑하며 살아야만 잘 사는 것'이란 말을 했다. 오늘은 잘 사는 데 필요한 또 한 가지에 대해 얘기하고자 한다. 바로 싸움이다. 세상에 태어나 사랑하며 살아야만 잘 사는 것이지만 동시에 잘 싸울 줄 알아야만 잘 살 수 있다는 말이다.

어릴 적 부모님에게서 세상 험하다는 얘기를 많이 들었던 기억이 난다. 그때마다 막연히 두려운 생각이 들곤 했다. 조영남의 〈모란 동백〉 노랫말에도 "세상은 바람 불고 고달파라"라는 구절이 있으니, 그 역시 세상 험하다는 말이다.

세상은 험하고 어려운 곳, 험난(險難)한 곳이다. 마침 대통령 선거철이라 후보들은 저마다 자신이 되면 마치 대단한 낙원(樂園)이라도 안겨줄 것처럼 흰소리로 거들먹대고 있지만, 예나 지금이나 세상 험하고 어렵다는 사실에는 아무런 변함이 없다.

잘 싸우고 잘 이길 줄 모르면 잘 살 수가 없다

그렇다면, 왜 세상이 험하고 어려운가. 무엇보다도 '세상은 싸우는 곳이고 싸워야 하는 곳이기 때문'이다. 싸워야 하고 싸우지 않으면 안 되는 세상인 탓에 '잘 싸우고 잘 이길 줄 모르면 잘 살 수가 없다'는 결론이 나온다. 이는 아주 대단히 간단하고 명증한 이치이다.

아기가 태어나 대여섯 살쯤 되면 또래 아이들과 어울리면서 나름의 사회생활을 시작한다. 그럴 때 부모들은 흔히 "친구들과 싸우지 말고 사이좋게 놀아야 한다"는 말을 해준다. 평화의 메시지이다. 하지만 평화의 메시지는 어쩌면 이게 마지막일 것이다.

아이가 초등학교 입학할 무렵이면 부모의 말이 은근슬쩍 달라진다. 노골적으로 싸움을 강요하진 않지만 결국은 잘 싸워야 한다는 의미를 주입하기 시작한다. "공부 열심히 해, 공부 잘해야 한다"는 식의 말이 그것이다.

그건 공부를 통해 열심히 싸우고 잘 싸우라는 말이고, 경쟁자인

다른 아이들을 상대로 잘 싸우라는 말이다. 이는 이미 투쟁의 메시지이다.

더러 부모들은 아이의 학업성적이 신통치 않으면 전략을 수정하기도 한다. 이런 식이다. "괜찮아, 네가 무엇을 하든 열심히 하면 된다"고 말이다. 이 또한 분야를 바꿔서라도 열심히 싸워야 한다는 말이다.

긴말할 것 없을 것 같다. 세상 모든 부모가 자녀에게 전달하는 핵심의 교육 메시지는 바로 '잘 싸워야 한다는 것'으로 요약된다.

예전엔 그래도 어른들이 '착하게 살아야 한다'는 말을 해주기도 했던 것 같은데 최근엔 거의 들리지 않는다. 착하게 사는 것과 잘 싸우는 것, 이 두 가지 메시지는 파고들면 들수록 정면에서 충돌하는 까닭에 갈등과 모순을 해결할 길이 없다. 그 바람에 최근엔 거의 찾아보기 어렵다.

'착해야 한다'는 말이 인내하라는 것인지 양보하라는 것인지, 현실의 힘과 압력에 대해 순종하고 수용하라는 것인지 그 의미가 확실하지도 않지만, 어쨌거나 '잘 싸우라'는 말과는 거리가 먼 것만큼은 사실이다.

현실의 세상은 온통 피바다, 즉 레드오션이다

세상이 험하고 어려운 곳이라 말하는 것은 이 세상 한 번 살다 가려면 그것도 잘살다 가려면 싸움이 불가피한 까닭이다.

세상에 나오면 그 즉시 모든 것이 승부(勝負), 즉 이기고 지는 것과 연관된다. 사업만이 승부가 아니라 승진도 실적도 그리고 사랑과 연애도 결국은 승부를 겨뤄야 하기 마련이다. 어떤 이념을 전파하고 어떤 가치를 주장하는 것 역시, 그 반대의 세력이나 이념 또는 가치와의 승부를 통해 가름이 난다.

가령 품질 좋은 상품을 만들었어도 광고나 홍보가 잘되지 않으면 실패하기 쉽다. 이 또한 싸우는 것이 서툴기 때문이다. 이처럼 모든 것과 모든 분야가 싸움이고 투쟁이니, 싸움과 투쟁이 아닌 것이 달리 없다. 현실의 세상은 그렇다.

한때 경영학계에선 '블루오션 전략'이라는 말도 안 되는 전략이 유행한 적이 있다. "성공을 위해선 경쟁이 없는 독창적인 새로운 시장을 창출하고 발전시켜야 한다"는 경영 전략인데, 이는 그 방면의 최고 고수거나 우연이 따르지 않고선 블루오션을 발견할 수 없다는 점에서 완전 사기다.

현실의 세상은 온통 피바다, 즉 레드오션이다. 그러니 어쨌거나 싸워야 하는 세상이다. "험한 세상 다리가 되어줄" 사람은 유행가

이쪽과 저쪽의 경계

왜 세상이 험하고 어려운가.

무엇보다도 '세상은 싸우는 곳이고 싸워야 하는 곳이기 때문'이다.

싸워야 하고 싸우지 않으면 안 되는 세상인 탓에

잘 싸우고 잘 이길 줄 모르면 잘 살 수가 없다.

에나 있지 현실에서 그런 사람을 기다리고 있을 일은 결코 없다.

오늘날의 문명화된 세계는 분명 야생의 자연과는 현저히 다르다. 무엇보다 법질서가 있고 그 법질서를 뒷받침하는 국가의 공권력이 존재하기에 충분히 살아볼 만한 곳이다. 하지만 그럼에도 불구하고 잘살기 위한 서로 간의 싸움은 불가피하고 또 승부는 가름이 날 수밖에 없다.

이런 까닭에 잘 싸우는 법을 학교에서부터 가르쳐야 한다는 생각을 늘 한다. 하지만 학교에선 왜 그런지 몰라도 가르치지 않는다. 그 바람에 교실 안과 교실 밖의 세계가 따로 분리해서 존재하게 된다.

상담을 하다 보면 늘 듣게 되는 얘기가 있으니, "우리 아이의 적성은 과연 무엇일까요" 하는 부모들의 물음이다. 왜 부모들은 자녀의 적성(適性)에 관심이 많을까. 그건 다름이 아니라 '우리 아이가 어떤 방면이나 분야에서 싸워야만 잘 이기고 승리할 수 있겠는가'를 묻는 것이다.

이처럼 모두들 싸움에 대해 엄청난 관심을 가지고 있다. 그런데 정작 싸우는 법, 이기는 법에 관한 기초 또는 개론(概論)을 가르치는 곳은 거의 없는 것 같다.

싸움이 사납고 거친 것만을 말하는 것은 아니다. 분야별로 싸우는 법이 다르고, 의지와 신념, 투지와 열정, 기교와 경험 등 많은 것을 요구하는 것이 세상과 삶의 싸움이다.

사랑과 싸움 모두 삶의 힘이고 에너지이다

사랑하며 살아야 하고, 자신의 영역에서 잘 싸울 줄 알아야만 잘 살 수 있는 세상이다. 사랑과 싸움은 일견 충돌하는 모순이다. 맞는 말이다. 하지만 좀 더 깊이 들여다보면, 사랑과 싸움 모두 삶의 힘이고 에너지라는 것을 이해하게 된다.

한편으로 사랑하고 또 한편으론 싸우며 사는 것, 이 두 가지 모두 대량의 열정(熱情)을 요구한다. 그리고 그게 바로 삶의 본 모습이다.

그런데 말이다. 세상은 험난하다는 말을 하고 있는 이 순간에도 눈을 돌려 창밖을 보니 이제 여름으로 달려가는 세상과 저 자연이 아름답다는 생각이 든다. 참 희한한 세상이다. 무슨 조화 속인지 도무지 모르겠다.

노력은 벡터값이다

"성적을 떠나서 네겐 간절함이 없으니 어떻게 할 거야."

엄마가 아이를 엄하게 다그친다.

스트레스를 잔뜩 받은 엄마는 늦게 귀가한 남편에게 분풀이를 한다. 당신도 아이에게 신경 좀 써야 할 게 아니냐고. 남편은 주눅든 목소리로 "알았어, 알았다고, 연구 좀 해보자고" 하는 말로 간신히 상황을 모면한다.

"쟤는 도대체가 해보자는 마음이 없어, 혼을 내면 잠시 하는 시늉만 할 뿐 금방 풀어져서 태평세월이야, 누굴 닮아서 저 모양이지?"

"에라, 나도 모르겠다. 될 대로 되겠지 뭐."

아이를 둔 가정에서 흔히 볼 수 있는 풍경이다. 그러니 특별할 것도 없다.

노력이란 무엇인가

'우리 아이는 머리는 괜찮은데 노력을 안 해서 문제'란 말, 흔히 듣는 얘기이다. 그러나 노력하지 않는다면 공부 잘하긴 이미 글렀다. 성적이 좋을 수가 없다. 학업이란 기본적으로 타고난 지능과는 별 상관이 없다. 크게 지능이 떨어지는 아이가 아니라면 학업 성적은 노력만 뒷받침되면 좋아지게끔 되어있다.

문제는 왜 노력을 하지 않는가 하는 점인데, 바로 이 부분이 아이의 운세 흐름과 직접적인 관련이 있다. 간단히 말하면 어떤 사람의 운이 하락할 때의 전형적인 현상이 바로 진지한 노력을 하지 않는 것이다. 달리 말하면 진지한 노력을 할 수 없게 된다.

여기서 중요한 것은 노력을 하지 않는 것과 사람의 타고난 재능이나 능력은 큰 관련이 없다는 점이다. 그저 운이 내리막일 뿐이다.

이 대목에서 우리는 '노력이란 무엇인가'에 대해 얘기할 필요가 있다. 우리는 어떤 사람이 '한 군데에 힘을 집중해서 이어나가고 있을 때, 그 사람이 노력을 하고 있다'는 표현을 쓴다.

놀 서린 개펄

결핍이 동기를 부여하고
동기를 가진 자는 힘과 방향을 한곳에 모은다.
이게 바로 노력이고
노력하면 성취가 있기 마련이다.

약간 어려운 얘기가 될 것도 같지만, 수학에서 벡터(vector)라는 개념이 있다. 벡터는 '어떤 힘의 방향과 크기'를 포함하는 개념이다. 가령 동쪽으로 100의 힘이 작용한다고 말하면, 그게 바로 벡터값이다.

가령 다재다능한 아이의 총체적인 능력이 200이라도 동서남북 모두에 골고루 힘을 쓰고 있다면, 어떤 한 방향으로 향하는 힘은 50이 된다. 벡터값이 50이다. 그런데 힘은 100에 불과해도 그 모두를 한 방향으로 쓰고 있는 아이가 있다면, 즉 벡터값이 100이라면, 그 아이는 다재다능한 아이를 그 방향에서는 앞설 것이다.

학업 성취도가 높은 아이는 대부분 자신의 능력을 학업에 집중하고 있는 아이라 봐도 무방하다. 능력이 100이냐 200이냐 하는 것보다 이게 더 중요하다.

왜 어떤 아이는 자신의 힘을 한곳에 집중하고, 어떤 아이는 그 힘이 분산되는 것일까

그렇다면 '왜 어떤 아이는 자신의 힘을 학업에 집중하고, 어떤 아이는 그 힘이 분산되는 것일까?' 하는 의문이 제기된다.

우리 모두 누구나 그러하듯이 관심이나 흥미가 한 가지만 있는 사람은 별로 많지 않다. 돈벌이도 신경을 쓰지만 자신의 외모를 가

꾸는 쪽에도 관심이 많을 수 있고, 또 어떤 이는 취미가 있어서 그 방면에도 시간을 투자하기도 한다. 실은 이게 정상이다. 자신의 힘을 오로지 한곳에만 집중하는 경우가 오히려 더 이상한 일이라는 얘기이다.

그렇기에 자신의 주의와 에너지를 여기저기 다양한 방면에 분산시키는 아이가 실은 훨씬 정상적이라는 얘기가 된다. 하지만 그런 아이보다는 주로 학업에만 집중하는 아이, 즉 정상적이지 않은 아이가 정상적인 아이보다 성적이 좋아질 것은 당연한 일이다.

이 세상은 온갖 유혹으로 가득하다. 초등학생은 물론이고 중·고 등학생들도 해보고 싶고 가져보고 싶은 대상이 실로 엄청나게 많다. 사춘기를 보내다 보면 이성에도 관심이 생길 것이고, 친구들 사이에서 인기를 누리고도 싶을 것이다. 게임도 해야 할 것이며, 자신만의 개성을 인정받고 싶기도 할 것이다. 그러니 공부를 잘하는 아이는 상대적으로 그렇지 못한 아이보다 그런 유혹을 잘 뿌리치는 편이라 보면 된다.

그렇다면 '공부 잘하는 아이 역시 정상적인 욕구와 감수성을 가졌건만 어떤 까닭에서 다른 아이들보다 그런 유혹을 잘 뿌리치고 자신의 힘을 상대적으로 학업에 더 집중할 수 있는 것일까?' 하는 문제로 귀착된다.

힘과 방향을 한곳에 모으는 게 노력이다

이제 오늘 글의 결론에 도달할 때가 되었다.

한곳에 그것도 학업에 자신의 능력과 힘을 집중하는 아이는 주변의 보통 아이들, 그러니까 여기저기에 한눈을 팔고 있는 정상적인 아이들에 비해 공부에 집중해야 할 만한 특별한 이유가 있기 때문이라 말할 수 있다.

그렇다면 그 이유는 과연 무엇일까?

그 까닭은 공부를 잘하는 아이는 그렇게 해야 하는 간절하고 특별한 동기(動機)가 있기 때문이다.

가장 대표적인 동기는 자신의 환경이다. 가정 형편이 어려워서 좋은 학교를 마치고 좋은 직장에 들어가거나 전문직 자격증이라도 따지 않으면 도무지 자신의 미래가 있지 않을 것 같다고 느낀 학생이라면 갖은 유혹을 꾹 참고 눈앞의 공부에만 집중하게 될 것이다.

물론 수강료가 엄청 고가인 강남 대치동 학원의 선생들은 엄청난 정보력과 분석력을 가지고 있고 강의 기술도 탁월하기에 학생의 진학 지도에 뛰어나다.

하지만 강남 대치동의 유명 학원을 다닌다 해도 그 안에서 어떤 학생은 이른바 SKY에 진학하고 어떤 학생은 진학에 실패한다. 이 역시 학생 스스로가 학업에 대한 강한 집착 혹은 동기를 가졌느냐, 그 여부에 따라 결정이 된다.

"더 이상 개천에서 용이 나오긴 어렵다"는 말을 많이 한다. 계층 구조가 고착화되어 신분 상승이 쉽지 않다는 말이다. 하지만 이 모든 현실적인 조건을 떠나 강한 동기를 가진 아이들은 그렇지 않은 정상적이고 보통의 아이들보다 강한 경쟁력을 가질 수밖에 없다.

강한 동기는 대부분의 경우 결핍(缺乏)에서 비롯된다. 그러니 결핍되지 않은 아이들 혹은 학생들이 공부를 잘하기란 실로 하늘의 별 따기라고 봐야 할 것이다.

결핍이 동기를 부여하고 동기를 가진 자는 힘과 방향을 한곳에 모은다. 이게 바로 노력이고 노력하면 성취가 있기 마련이다.

운이란 결국 열정이다

가을 기운이 일어서기 시작한다는 입추(立秋)가 7일 토요일이었다. 사실 입추에 가을의 조짐을 느끼기란 쉽지 않다. 여름의 한 가운데란 인상이 더 강하다. 그런데 묘한 점은 입추가 되면서 기온이 한풀 꺾인다는 점이다.

현재 밤 11시 24분, 기온은 26도. 25도 이상이면 열대야라 하지만 그다지 무덥지 않다. 열어놓은 창문으로 선선한 바람이 들어와서 그런 것인지, 아니면 그간 너무 더워서 이젠 이 정도는 적응이 되어서 그런 건지 모르겠으나, 아무튼.

"운이 좋다는데 왜 상황이 어려울까요?"

예전에 상담 왔던 분으로부터 메일로 질문을 하나 받았다. "운의 흐름이 좋다고 했는데, 이직한 직장에서 상사와의 갈등으로 애를 먹고 있다"는 것이다. "혹시 잘못 본 건 아닌가" 하는 문의였다. 종종 받는 질문이다.

'운이란 무엇인가?'를 한마디로 정의하면, '그 사람의 열정(熱情)'이라고 말할 수 있다. 하지만 열정이 있다고 해서 주변 사람과 갈등이 사라지거나, 하는 일이 술술 풀리진 않는다. 열정이 강하다 보니 때로는 주변과 마찰을 빚는 일도 생긴다.

그러니까 운이 좋다고 해서 모든 일이 풀리고 고민이 없는 상황이 펼쳐지는 것은 절대 아니다. 그런 건 살아있는 한 만나기 어렵다. 인생은 그 전체가 고생이고 고통이다. 그렇기에 싯다르타는 "인생은 고통의 바다"라고 하지 않았는가.

그렇다면 '운이 좋다' 또는 '운이 상승한다'는 어떤 상태를 말하는가. 가령 문제가 생기면 그로 인해 고통을 받지만 그 문제에 대해 성찰하고 반성하고 어떻게 해서든 상황에 적응하거나 해결하려고 노력하게 된다. 그런 중에 일이 풀리기도 하고 문제가 해결되기도 한다. 그러면 그를 통해 사람은 성장하고 발전한다. 이게 바로 '운이 좋다'고 하는 것이다.

"이번만큼은 안 되면 절대 안 돼요", 이런 얘길 가끔 듣는다. 이건 고통받기 싫다는 얘기일 뿐이다. 일이 될지 안 될지 그건 모르는 일이다. 다만 운이 좋다면, 운이 상승 중이라면, 일이 되지 않는다고 해도 좌절하지 않고 다시 노력하고 애를 쓰게 된다. 그 노력을 반복하다 보면 일이 될 가능성이 높아지고, 그러다 보면 이루어진다.

상식을 벗어나는 일은 대단히 드물다. 세상 이치는 간단하다. 공짜는 없고 절로 되는 일 또한 없다. 1만 시간의 법칙이란 말이 빈말이 아니다. 옆에서 보면 어떤 일이 절로 된 것처럼 보일 때가 있다. 하지만 그게 쉽게 된 일이 아니다. 오랜 시간에 걸친 노력을 보지 못했기 때문에 쉽게 된 것처럼 보이는 것뿐이다.

대수(大數)의 법칙(law of large numbers), 즉 큰 숫자의 법칙이란 게 있다. 시도를 빈번하게 하고 자주 하다 보면, 목적하는 일이 이루어진다는 것이다.

물론 열정을 갖고 시도를 반복하는 일, 그 자체도 실은 고통이다. 이리해도 안 되고 저리해도 안 될 때도 많다. 하지만 해낼 수 있으리란 믿음 하나로 시도를 반복하는 사람이 있다면 그 사람의 운은 지금 한창 상승 중이라 봐도 무방하다.

흐린 날의 서해 바다

다만 운이 좋다면, 운이 상승 중이라면,
일이 되지 않는다고 해도 좌절하지 않고
다시 노력하고 애를 쓰게 된다.
그 노력을 반복하다 보면 일이 될 가능성이 높아지고,
그러다 보면 이루어진다.

운 그리고 열정은 지속시간이 정해져 있다

운이란 열정이라 했는데, 열정이란 것 역시 무한히 이어지거나 샘솟는 것이 아니다. 타고난 열정의 크기는 사람에 따라 다르겠지만, 열정의 지속시간은 누구에게나 한정되어 있다.

운 그리고 열정이란 것은 생성과 소멸을 반복한다. 소멸하면 겨울이고, 서서히 생겨나기 시작하면 봄이다. 그리고 펄펄 끓어오르면 여름이고, 그러면서 서서히 소진되어 가면 그게 가을이다. 전체해서 60년의 사이클이고 한 계절은 각각 15년이다.

60년의 사이클을 밥 짓는 것에 비유해보는 것도 재미있다.

밥을 하기 위해 솥에 쌀을 씻어 넣고 물을 잡는다. 겨울의 끝이자 봄의 시작인 입춘(立春)이다.

전원을 올리면 솥 안에 열이 들어오기 시작한다. 봄의 끝이자 여름의 시작인 입하(立夏)이다.

그러다가 열이 점점 가열되면서 펄펄 끓어오르고 그로써 쌀이 익어간다. 여름의 끝이고 가을의 시작점인 입추(立秋)이다. 하지만 이건 아직 익어가는 쌀이지 밥은 아니다.

이제 솥 안의 열기가 식어가면서 뜸이 들고 바야흐로 밥이 만들어진다. 이게 가을의 끝이자 겨울의 시작인 입동(立冬)이다. 이제 밥 짓는 일이 마무리되었다. 밥을 먹을 수 있다. 겨울인 것이다.

열정이 소진되는 순간 성취한다

사람들은 돈을 원하고 성취를 원한다. 그걸 밥이라 해보자. 밥이 언제 되는가 하면, 겨울의 입구인 입동에서다. 이 대목에서 중요한 점은 열정 소멸과 동시에 성취가 이루어진다는 점이다. 내적 에너지인 열정과 외적 성과가 서로 교환된다고 보면 되겠다. 잘 생각해보면 이거야말로 삶의 놀라운 역설(逆說)이다.

"저는 언제쯤이면 일이 술술 풀릴까요?" 하고 묻는 이가 있다. 그러면 얘기해준다. 당신의 열정이 소진되는 순간에 일이 이루어진다고. 다 때가 있다고.

돈 없는 사람이 부자 되는 법 1

세상에 공짜는 없다

작은 사업을 하는 한 젊은이가 "어떻게 하면 특별한 자본 없이도 돈을 많이 벌 수 있을까요?" 하고 질문을 해왔다.

나는 농담조로 대답했다.

"워렌 버핏에게서 돈벌이에 관한 힌트 하나 얻으려고 점심식사 자리에 무려 42억씩이나 지불하는 사람도 있다는데 자네는 내게 공짜로 물어보겠다?"

젊은이는 내 농담에 약간 당황했는지 우물쭈물했다. 이에 금방 우스갯소리라고 무마했지만 사실 그 농담은 젊은이의 질문에 대한 첫 번째 답이다. 공짜는 세상에 없다는 얘기.

그러고 나서 나는 "이제 두 번째 답을 말하지" 했더니 젊은이는 의아해하면서 "두 번째요?"라고 반문했다. 이에 나는 다시 웃으면서 "조금 전에 얘기했지 않은가. 세상에 공짜는 없다고 말이야."라고 답했다.

젊은이는 얼굴을 붉혔다. "아, 네!"

나는 두 번째 답을 이어갔다.

"특별한 자기자본이 없이 남보다 더 돈을 벌려면 결국 '자기착취'밖에 없다네."

"자기착취요? 그게 무슨…."

가진 것 없이 돈 버는 방법, 자기착취

자본주의에 비판적인 사람들이 주로 얘기하는 것은 "기업가와 자본주가 결국 타인을 착취함으로써 초과이윤을 남긴다"는 것이다. 이 말의 옳고 그름을 떠나 '뭔가 더 남기려면 어딘가에서 더 얻어내야 한다'는 말은 나도 동의한다.

"하지만 힘없고 특별한 자본도 없는 자가 더 벌고자 할 때 가장 쉬운 방법은 타인이 아닌 자신의 노동력을 더 착취하고 갈취하는 방법뿐 아니겠냐"고 풀어서 얘기를 해주었다.

달리 말하면 "남보다 더 많은 시간을 일하거나 같은 시간이라도 더 노력하는 것이 자기착취"라고 덧붙였다. 그밖에 달리 무슨 신통한 방법이 있겠냐고 말이다.

이렇게 말했더니 젊은이는 "그렇게 되면 생활의 질이…" 하며 혼잣말을 했다. 석연치 않은 기색이 보여서 일침(一鍼)을 놓았다. "질은 양이 된 다음에 따질 문제"라고.

"특별한 자본이 없다면 특별한 재주라도 있어야 할 것이고, 그게 없다면 특별한 백그라운드라도 있든가, 그도 아니면 결국 스스로의 노동력과 누구에게나 주어진 하루 24시간을 활용하는 수밖에 없다는 것, 따라서 생활의 질은 나중 문제"라고 얘기해주었다.

실망한 표정이었다, 젊은이는.

그래서 한 번 더 침을 놓았다. "우리나라가 오늘날 이만큼이라도 될 수 있었던 이유가 뭐라고 생각하는가, 자네가 태어나기 전 우리나라 사람들은 돈이 되기만 한다면 어디든 달려갔고 무엇이든 하고자 안달이었다네. 그것이 자기 자신을 갈취하고 착취하는 것일지라도."

이것은 그야말로 사실이고 이른바 팩트다.

말을 하다 보니 문득 스쳐가는 옛일이 있었다. 1980년대 초반, 정확하게 1982년의 일이다. 나는 그해 은행에 입사해서 영업점에 배치되었고 그곳 외환업무 팀에서 수출환어음 매입, 즉 네고(nego)

업무를 맡고 있었다. 그 바람에 한 섬유봉제업체의 공장 현장에 실사를 나가게 되었다. 와이셔츠를 만들어서 수출하는 회사였는데, 나는 당시 그 회사의 수출신용장과 환어음 매입 담당이었다.

현장에 도착한 시각이 새벽 5시였다. 상사에게 "정말로 24시간 공장이 돌아가고 있는지 확인해보라"는 지시를 받은 터였다. 그 바람에 엄청 투덜거리며 새벽 3시에 집을 나섰다. 그해 초 야간통행금지가 해제되었기에 가능한 일이기도 했다.

공장 안에 들어갔더니 미싱 돌아가는 소리가 엄청나게 요란했고 수백 명의 여공이 뿜어내는 체온과 땀으로 공장 내부는 늦가을인데도 희뿌연 습기와 열기로 가득했다. 순간 나는 감동을 받았다. 이 새벽에 저 많은 사람이 모두들 작업에 열중하고 있다니. 정말이지 그건 감동이었다.

한 아주머니는 "시간이 아니라 뽑아낸 수량으로 돈을 받는다는 것, 그리고 야근수당을 챙길 수 있으니 밤 시간 근무가 더 즐겁다"고 말했다. "놀면 뭐 해유, 돈 벌어야지" 하던 그 힘찬 목소리가 지금도 귀에 생생하다.

3교대도 아니었다. 12시간씩 2교대였다. 저녁 8시부터 아침 8시까지 일하고 교대하는 방식인데, 도중에 1시간의 식사시간이 있지만 더 벌기 위해 몸만 괜찮으면 간식으로 때운다고 했다.

12시간 노동만 해도 중노동인데, 뽑아낸 수량으로 돈을 버는 '성과시스템'이었기에 참으로 극심한 노동이다. 하지만 여공들은 돈 버는 재미에 스스로를 사정없이 착취하고 있었다. 당시만 해도 그런 중노동 정도는 아주 흔한 일, 일종의 풍토였다.

나 역시 근무시간이 과다하긴 마찬가지였다. 은행 영업점 외환계에서 일하다 보니 퇴근시간은 주로 밤 11시였다. 아침 9시 반부터 시작해서 밤 11시까지였으니, 거의 12시간 근무였다. 물론 야근수당 같은 것은 전혀 없었다.

이처럼 대한민국은 자기착취를 통해 자본을 형성하고 기술을 발전시켜온 대표적인 나라이다. 그 덕분에 오늘에 이르러 세계 유수의 산업 강국이 될 수 있었다.

오늘날의 문제는 과거와는 많이 다르다. 나라 자체는 그런 식으로 독하게 발전하고 성장해왔지만 그 과정에서 빈부 격차는 현저하게 벌어졌고, 특히 최근에는 많은 젊은이가 사회진출에 어려움을 겪고 있다.

요즘 젊은이들을 보면 돈을 모아서 해외여행도 다녀오고 돈은 없어도 '소확행'을 즐긴다(코로나19로 지금은 해외여행이 어려워졌지만). 하지만 대우가 괜찮은 대기업이나 공기업 일자리는 하늘의 별 따기가 되어 괴로워한다.

생활수준이 높아지다 보니 평균적인 삶의 기대치 역시 덩달아 엄청나게 높아졌는데, 그런 기대치를 어느 정도나마 충족시켜줄 수 있는 일자리를 구하는 일은 정말 어려워졌다. 이게 바로 요즘 젊

비오는 날의 수채화

공장 안에 들어갔더니 미싱 돌아가는 소리가 엄청나게 요란했고
수백 명의 여공이 뿜어내는 체온과 땀으로
공장 내부는 늦가을인데도 희뿌연 습기와 열기로 가득했다.
순간 나는 감동을 받았다.
이 새벽에 저 많은 사람이 모두들 작업에 열중하고 있다니.
정말이지 그건 감동이었다.

은이들의 비극이다. 이에 반해 예전에는 기대 자체가 없었다. 그저 어느 정도의 생활만 가능하면 그것으로 충분했다.

앞에서 얘기한 그 작은 사업을 운영하는 젊은이는 어쩔 수 없이 창업하게 된 경우였다. 이를 두고 나는 '창업을 당했다'고 표현한다.

창업을 당한 사람들을 보면 크게 두 가지이다. 하나는 괜찮은 직장을 얻지 못한 젊은 층이고, 또 하나는 중년에 퇴직을 한 경우이다. 직장에서 밀려나 살아남으려다 보니 창업을 한 것이다.

어쩌다가 창업을 한 사람들을 대하다 보면 '장차 사업의 성공은 둘째 치고 서바이벌 자체가 어렵겠다'는 판단이 든다. '어떻게 하면 돈을 벌 수 있는지에 대한 기본적인 감각이 부족하다'는 판단이 서기 때문이다.

'세상에 공짜는 없다', '가진 것 없이 돈을 벌려면 자기착취가 우선'이란 얘기를 했다. 이어서 돈 버는 방법에 관한 나머지 얘기를 해보고자 한다.

돈 없는 사람이 부자 되는 법 2

모든 인생은 빚쟁이로 출발한다

부자가 되고 말고를 떠나 먼저 알아야 할 것이 있다. 삶이란 태어나는 순간부터 빚을 지고 태어난다는 것, 따라서 모든 인생은 빚쟁이로 출발한다는 사실이다.

먹고 살려면 지속적으로 수입이 있어야 한다. 다시 말해서 계속해서 벌어야만 먹고 살 수 있다. 그러니 인생은 매달 갚아야 하는 빚이 있는 것과 같다. 살기 위해선 치러야 하는 일종의 대가(代價)인 셈이다.

갓 태어난 아이들은 자신이 빚쟁이란 사실을 모른다. 불편하거나 배가 고프면 울면 된다. 그러면 엄마가 젖을 주고 따뜻하게 안아준다. 대가를 지불할 필요가 없으니 공짜인 셈이다.

하지만 나이가 들어가면서 조금씩 철이 든다. 자고 입고 먹는 것이 공짜가 아니란 사실을 서서히 깨닫게 된다. 철이 든다는 것은 다름이 아니라 인생은 빚쟁이란 사실을 깨닫는 것이다.

예전에는 나이 열다섯만 되면 스스로 자기의 몫을 해야 하는 경우가 대부분이었다. 철이 일찍 들었다. 하지만 오늘날엔 성장기간이 길어져서 철부지 20~30대도 허다하다. 텔레비전을 보니 리포터가 중·고등학생을 상대로 "꿈이 뭐예요?" 하고 묻는 장면이 나온다. 그러면 아이들은 이런 꿈 저런 꿈을 얘기한다. 다 좋다. 하지만 꿈 이전에 인생은 빚쟁이란 사실을 알아야 한다. 알려주어야 한다.

아이들에게 미리부터 '삶은 빚쟁이인 까닭에 고되고 힘든 것'이란 얘기를 해주는 것이 마음은 불편해도 아이의 미래에는 훨씬 도움이 된다.

어려운 환경에서 자란 아이들이 성장해서 성공하는 일이 많은 것 역시 일찍 철이 들었기 때문이고, 삶이 빚쟁이란 사실을 빨리 알았기 때문이다. 그러니 꿈이고 미래 목표를 운운하기 이전에 이 점부터 알아야 한다.

어려선 부모가 부양하지만 성인이 되면 스스로 벌어야 하고 결혼하면 가족까지 벌어 먹여야 한다. 생존경쟁이 본격화되는 것이다.

어떻게 가진 것 없이 부자가 될 수 있는가

이 글의 주제는 '어떻게 하면 별 가진 것 없이도 돈을 많이 벌어서 부자가 될 수 있는가'에 관한 것인데, 우선 그렇게 될 수 있는 확률이 실은 희박하다는 점부터 얘기하겠다.

왜냐면 삶이란 매달 써야 하는 비용, 기본경비 또는 매달 갚아야 하는 빚이 있기에 벌어서 일단 그 비용을 충당한 나머지, 즉 잉여를 계속해서 만들어낼 수 있어야만 축적이 이루어지고 그래야만 부자가 될 수 있기 때문이다.

하지만 세상은 어딜 가도 치열한 경쟁이어서 쓸 것 다 쓰는 것은 고사하고 그냥 최소한의 기본경비로만 살아간다 해도 돈을 남기는 것은 대단히 어렵다.

그러니 돈을 남긴다는 것이 말이 쉽지 현실에선 결코 쉽지가 않다. 따라서 부자가 못 되는 것이 오히려 정상이란 것부터 알아둘 필요가 있겠다. 아울러 얘기할 것은 알고 보면 부자가 될 까닭도 특별히 없다는 사실, 또 부자가 되지 않아도 충분히 인생을 즐길 수 있다는 점이다.

인생을 즐기면서 삶의 빚만 죽는 날까지 성실하게 갚아나갈 수만 있다면, 다시 말해서 벌어서 먹고 살면서 그 사이에 나름 즐길 수만 있다면 그것으로 사실 충분하다는 말이다.

이제 돈을 만들어내는 원동력 혹은 원천에 대해서 얘기해보겠다.

돈을 만들어내는 것은 우선 사람의 '노동'이고 그 다음은 '자본'이다. 자본에는 금전이라든가 부동산 또 생산시설과 같은 유형의 자본이 있고, 기술이나 지식, 노하우, 경험, 자격증과 같은 무형의 자본이 있다. 이번 글은 '특별한 자본 없이 돈을 버는 방법'에 관한 것이기 때문에 유형자본은 제외하겠다.

노동 그 자체만으로는 정말이지 돈을 벌기 어렵다. 앞에서 얘기한 바와 같이 살기 위해 써야 하는 비용, 즉 기본경비를 넘어 축적하기가 어렵기 때문이다.

특별한 자본도 없는 마당에 노동 그 자체만으로는 돈을 벌기 어렵다고 말하면 과연 어떻게 해야 돈을 벌 수 있을까? 남는 것은 단하나, '무형의 자본을 가질 수 있을 때 돈을 벌 수 있다'는 결론이 나온다. 무형의 자본, 이게 정답이고 핵심이다. 인생의 빚을 갚아나가면서 서서히 돈을 남기고 나아가서 부자가 되는 방법은 무형의 자본을 만들어내는 방법 외에는 달리 없다.

여기서 또 한 가지 냉엄한 현실을 얘기해보자.

당신이 벌어들이는 수입(收入)이란 결국 당신이 세상에 베푼 서비스에 대한 대가(代價)라 하겠는데, 그 대가의 액수를 정하는 것은 시장이란 점이다. '내가 이만큼 좋은 서비스를 했으니 이 정도는 벌어야 되지 않겠는가'라고 여기는 사람도 있겠지만, 그건 어디까지나 본인의 주관적 평가에 불과하다. 수입을 만들어내는 당신의 노동과 서비스에 대한 대가는 시장(市場)의 평가에 따라 정해진다. 즉 시장가인 셈이다.

그렇기에 그냥 누구나 하는 노동만으로 돈을 벌기란 정말 불가능하다. 반대로 당신의 노동이 시장에서 높은 가격으로 매김을 받으려면 결국 방법은 하나밖에 없다. 그건 시장에서 높은 평가를 받을 수 있는 무형의 자본을 당신의 노동에 곁들일 때에만 돈을 모으고 부자가 될 수 있다.

앞에서 무형의 자본에는 기술이나 지식, 노하우, 경험, 자격증 등이 있다고 했는데, 그건 예를 들기 위한 것일 뿐 실은 무한 가지라 할 만큼 다양하다. 그중에는 타고난 유전에서 오는 것도 있고, 또 타고난 자질을 계발해서 더 다듬어낸 것도 있으며, 교육을 통해 배운 것도 있다.

남다른 미각이나 후각, 좋은 목소리와 뛰어난 눈썰미 등도 어떻게 발전시켜 나갈 것이냐, 또는 어떤 인연을 만나느냐에 따라 얼마든지 시장에서 높은 평가를 받는 무형의 자본으로 다듬어낼 수 있다. 이처럼 먹고 사는 재주, 또 쓸 거 쓰면서 남길 수 있는 재주는 실로 무수히 많다.

사람이 먹고 살 수 있는 길, 먹고 살면서 남길 수 있는 길이 무수히 많건만, 대개의 부모들은 아이에게 어떤 재주가 있는지 잘 모르는 탓에, 그리고 재능을 알 때까지 기다려줄 수 없다는 초조함 때문에 나름 가장 안전한 길을 택한다. 공부 잘해서 좋은 대학 나오고, 그 결과 좋은 직장에 취업하는 길이 그것이다. 하지만 이 길이야말로 가장 치열한 전쟁터이자 생지옥이다. 거의 모두가 그 길을 택하도록 강요받고 있기 때문이다.

무형의 자본을 갖춘 이를 일컫는 말이 바로 전문가란 표현이다. 전문가라 하면 대부분 자격증을 갖추어야 한다고 생각하기 쉽지만 절대 그렇지 않다. 전문적인 재주나 경험, 기술, 식견을 가진 자라면 전문가이다.

전문가가 되는 길밖에 없다

이제 답이 나왔다.

특별한 자본 없이도 돈을 모으고 부자가 될 수 있는 방법은 무형의 자본을 갖춘 사람, 즉 전문가가 되는 길밖에 없다. 게다가 수요는 많은데 그에 부합하는 전문 역량을 가진 자가 적다면, 돈을 많이 벌 수 있다는 것은 너무나도 당연한 일이다.

돈을 벌어보지 못한 사람은 사업을 하려면 금전적 자본이 우선이라 여기지만, 그야말로 사업의 초짜의 생각이다. 사업에 필요한 전문적 역량을 얼마만큼 갖추었느냐가 관건이고 핵심이다.

사업만이 아닌 어느 분야에서건 전문 역량을 처음부터 갖출 수는 없다. 학교나 학원 같은 곳에서 배울 수 있는 것은 그다지 많지 않다. 어디까지나 현장에서의 경험과 치열한 경쟁 속에서 보다 더 높은 기량을 갖출 수 있고 또 돈을 더 많이 벌 수 있게 된다.

이제 마지막 얘기를 하겠다. 모든 사람이 누구나 남보다 높은 경쟁력을 성취할 수 있는 재능을 적어도 한 가지씩은 가지고 태어난다는 얘기이다. 그런데 문제는 그런 재능을 어떻게 발견하고 계발(啓發)해나가느냐 하는 점이다.

내가 운명에 대한 연구와 상담을 통해 알아낸 공통점이 하나 있다.

사람이 무사하고 편안한 환경에선 자신의 진정한 재능을 발견하거나 인식하기가 어렵다는 점이다. 그보다는 아주 어려운 상황, 삶의 위기에 처하게 되면 당연히 살아남기 위해 발버둥을 칠 것이고, 그러다 보면 어느 순간 저도 모르게 자신의 재능을 찾게 된다는 것이다.

자연순환운명학의 이치로 말하자면 60년 순환에 있어 입춘(立春) 바닥에서 15년이 흐를 무렵, 즉 입하(立夏) 때가 되면 누구나 자

경리단길

남다른 미각이나 후각,

좋은 목소리와 뛰어난 눈썰미 등도

어떻게 발전시켜 나갈 것이냐,

또는 어떤 인연을 만나느냐에 따라 얼마든지

시장에서 높은 평가를 받는

무형의 자본으로 다듬어낼 수 있다.

이처럼 먹고 사는 재주,

또 쓸 거 쓰면서 남길 수 있는 재주는

실로 무수히 많다.

신의 진정한 재능을 알게 된다. 이런 기회는 일생을 통해 한 번밖에 없다.

그 이후에 그걸 열심히 갈고 닦으면 그게 그 사람만의 전문성이 되고, 나중엔 그 사람만의 업(業)이 된다. 그렇게 시간이 흐르면 어느새 나름의 부자가 되어있을 것이다. 물론 큰 부자가 되는 것은 시대환경, 즉 시운(時運)에 달린 문제라 하겠지만 말이다.

보통의 삶이란 없다

"지금보다 두 배는 더 빨리 달려야 해!"

'붉은 여왕 가설(The Red Queen hypothesis)'이란 것이 있다. 생물의 진화 이론에서 대단히 중요한 개념이다. 이 가설은 영국 소설 《이상한 나라의 앨리스》에서 붉은 여왕이 주인공인 앨리스에게 말하는 대목에서 따온 개념이다.

"넌 최대한 힘껏 달려야만 이곳에 간신히 머무를 수 있어. 네가 어딘가 다른 곳으로 가고자 하면 지금보다 두 배는 더 빨리 달려야 해!"

이 가설은 '자연 속에서 어떤 생물이 계속 진화를 하더라도 다른 생명이 더 빨리 진화해가면 상대적으로 뒤처질 것이기에 모든 생명체가 끊임없는 경쟁 환경 속에 놓일 수밖에 없다는 것, 아울러 자연계의 진화 경쟁에서 어느 한쪽이 지속적으로 승리하기는 어렵다는 것'을 의미한다.

붉은 여왕의 가설에 대해 인터넷의 〈나무위키〉에 소개된 내용을 보니 흥미롭다. 3컷짜리 만화에서 다음과 같이 재치 있게 소개하고 있다.

인간 : 저는 그저 적당히 살고 싶습니다.
신 : 적당히 살고 싶다고?
신 : 그럼 미친 듯이 노력해라.

경쟁에서 중간 정도 유지하려면 미친 듯이 노력해야 한다는 말이다.

이런 생각(적당히 살고 싶다는 생각)은 누구나 한 번쯤은 해볼 것이기에 쉽게 공감이 간다. 상담하다 보면 가끔 듣게 되는 말이기도 하다. "저는 큰 욕심 없습니다. 그냥 평범한 삶을 원합니다." 그럴 때면 난 속으로 "평범하려면 비범해야 하는 데요?" 하고 반문하곤 한다.

정확하게 말하면 평범하려면 적어도 하나 정도는 비범한 구석이 있어야만 한다. 흔히 "중간 정도면 만족이다"라고 말을 하지만, 그 중간이 결코 쉽지 않다. 주특기 또는 필살기가 하나 정도는 있어야 중간이라도 갈 수 있으니 말이다.

이처럼 긴 인생 살아가면서 '보통 사람의 평범한 삶'을 줄곧 유지해가기란 그야말로 어렵다. 내가 발견한 자연순환의 원리에서 보면 불가능하다. 일반 사람이 생각하는 평범한 삶이란 것을 자세히 들여다보면 그게 실로 어렵다는 것을 실감할 것이다.

평균 수명은 살아야 하고, 보통의 수입과 직장, 그 결과 보통의 재산도 있어야 한다. 여기에 보통의 체격과 용모도 갖추어야 하며, 결혼을 하면 배우자 또한 보통의 체격과 용모, 건강 등을 갖추어야 한다. 자식을 낳으면 그들 또한 보통 정도는 따라가 주어야 자식으로 인한 마음고생을 면할 것이다.

그렇기에 보통의 삶, 우리 주변에서 흔히 볼 수 있는 보통 수준을 한 개인이 다 누리고 가진다는 것은 사실 불가능하다. 우리 주변에는 보통이다 싶은 사람들로 가득하지만, 개개인을 유심히 관찰해보면 어떤 이는 건강하지만 돈이 없고, 어떤 이는 재산은 제법이지만 몹쓸 병에 걸려 늘 병원 신세다.

어딘가 한 가지 이상은 결핍된 삶

따라서 현실에서의 '보통의 삶'이란 어딘가 한 가지 또는 한 구석 이상은 결핍된 삶을 말한다. 사실은 이게 보통의 삶이다.

수명만 봐도 그렇다. 흔히 요즘 세상에는 85세 정도까진 무난히 살 것으로 여기지만 그게 그렇지가 않다. 최근 통계에 의하면 우리나라의 기대수명은 82.7년이다. 하지만 그건 평균 수치이고 정확히 얘기하면 여성은 85.7년이고 남성은 79.7년이다. 그렇기에 남성의 경우 85세까지 살 것 같으면 보통의 삶이 아니라 장수에 해당된다.

우리나라의 통계를 보면 남녀의 성비에 있어 출생 시엔 남아의 여아에 대한 비율이 1.07이다. 남아 107명에 여아 100명이 태어난다는 얘기이다. 그런데 55세에서 64세까지의 성비는 0.98로 역전이 되고, 65세 이상이 되면 0.71로 더 벌어진다. 55세를 넘기면서 남성의 사망률이 급격히 높아진다는 얘기이다.

'이 정도면 보통이 아니겠는가'라는 생각이 실은 보통이 아니라 나름의 기대를 반영하고 있는 경우가 더 많다는 얘기이다.

자연순환의 원리에 따라 그 누구에게도 60년의 순환이 존재한다. 사계절이 있다는 얘기이다. 그중에서 입춘을 전후한 15년은 어쩔 수 없이 힘든 시기를 맞이하기 마련이다. 이것은 객관적으로 볼

잠수교 큰 그늘

"넌 최대한 힘껏 달려야만
이곳에 간신히 머무를 수 있어."

"네가 어딘가 다른 곳으로 가고자 하면
지금보다 두 배는 더 빨리 달려야 해!"

때 정도의 차이야 있겠으나 주관적인 입장에서 보면 전혀 차이가 없다. 누구에게나 한때의 '흑역사'는 있기 마련이란 얘기이다. 사람의 일생만이 아니라 기업이나 나라 또한 당연히 그렇다.

앞에서 소개한 '붉은 여왕의 가설'이 암시하고 있듯이 자연계의 진화 경쟁에서 어느 한쪽이 일방적인 승리를 거두긴 어렵다는 것, 때론 앞서가고 때론 뒤처지기도 한다는 것은 인간의 삶이나 나라에도 고스란히 적용된다.

최근 10년 사이에 우리나라는 여러 분야에서 역량이 많이 발전하고 있고, 이에 반해 일본은 발전하는 기미가 전혀 보이지 않고 있다. 일본 사람들 스스로도 "우리가 왜 이러지?", "왜 이처럼 탄력이 없지?" 하고 많이 고민도 하고 성찰도 하는 것 같다. 반면에 우리는 일본을 다소 만만하게 여기기 시작한 것 같고.

하지만 나는 부진을 면치 못하고 있는 일본을 지켜보면서 '우리 역시 머지않아 저런 때가 올 터인데, 곧 우리 차례가 될 터인데' 하는 생각을 하고 있다. 붉은 여왕의 말처럼 힘껏 달려야만 제 자리에 있을 수 있는데, 어느 순간 대충 달려도 제 자리를 지킬 수 있다고 생각하는 그 순간, 바로 그 순간부터 뒤처지기 시작할 것이니 말이다.

보통의 삶이라 어려운 것이다. 나아가서 일생을 두고 보통을 유지한다는 것은 사실 불가능한 일이기도 하다.

사람은 기대와 희망을 안고 살아간다. 그게 밀어주고 끌어가는 힘이니 그렇다. 하지만 한편으론 현재에 만족하면서 사는 것 역시 우리로 하여금 무리하지 않게 하고 편안하게 해준다.

어느 선에서 균형을 잡아야 하는 걸까? 그게 참 어렵다.

산다는 것은 전력을 다해
앞으로 달려가는 것이다

자동차 앞좌석에 앉아서 고속도로를 달리다 보면 내가 앞으로 달려가는 것이 아니라 길과 땅이 내 앞으로 달려오는 것 같은 느낌이 든다. 예전부터 가끔 '왜 그렇지?'라고 생각하곤 했다. 이처럼 사색과 사색의 결과 얻는 통찰은 생활의 사소한 구석에서 발단이 된다.

꽤나 생각을 했으니 당연히 그 답을 얻었다.

차는 빠르게 달려가고 있지만, 나는 힘을 쓰고 있지 않기 때문에 그런 느낌을 받는다. 두 다리를 써서 뛰어보라. 달려간다는 느낌을 강렬하게 받을 것이고 뛰고 나면 숨이 차서 헐떡댈 것이다.

결국 동력(動力)을 제공하는 주체가 누구냐에 따라 달라지는 문제라 하겠다. 내가 힘을 쓰면 달려간다는 느낌이 확연해지고, 자동차가 달리면 길이 내 앞으로 달려든다.

또 하나의 변수가 있다. 앞으로 달려갈 때의 저항이다. 가령 자동차의 앞 유리창이 없다면 거센 바람을 받아야 하니 내가 달려가는 느낌을 확실히 받겠지만, 자동차는 강화 유리창이 그 바람을 받아서 뒤로 넘긴다. 그러니 나는 가만히 있고 길이 내 앞으로 달려오는 느낌이 든다.

예전에 보잉 747 여객기를 타고 높은 허공을 날고 있었다. 창 아래로 몽실 구름이 떠가고 있었고, 수평선 멀리 펼쳐진 남색의 하늘은 그저 평안했다. 기류 문제도 없어서 그냥 하늘에 둥실 떠있는 것 같았다. 날아가고 있다는 느낌을 전혀 받지 못했다.

나중에 보잉 747의 순항속도를 알아보니 시속 370노트, 즉 685킬로미터였다. 엄청나게 빠른 속도이건만 느낌은 그저 하늘에 떠있을 뿐이었다. 하지만 비행기는 엄청난 밀도의 기류를 가르고 또 헤치며 고속으로 날아가고 있었던 것이다.

힘을 쓰는 것은 사실 괴로운 일이다

힘을 쓰는 것은 사실 괴로운 일이다(살 좀 빼느라 러닝머신을 달리는 것만 해도 얼마나 힘든가). 우리가 인생을 살아간다는 것은 내 다리를 써서 앞으로 달려가는 것과 같다. 그렇기에 산다고 하지 않고 살아간다는 말을 하지 않는가!

그러니 '왜 사는 게 어려운가?' 하고 묻는다면 그 대답 또한 간단하다. '내 모든 힘을 무진장 써서 앞으로 달려가기 때문'이다. 힘을 써야 하니 고달플 수밖에.

그렇다면 이런 질문도 가능해진다. '산다는 것이 늘 힘을 쓰면서 달리는 것과 같다면 어째서 즐거운 때가 있는가' 하는 질문이다. 우리가 살다 보면 때론 사는 맛이 날 때도 있고, 사는 것이 즐거울 때도 있지 않은가.

이건 왜 그런 것일까? 사는 것은 힘을 쓰는 일이니 힘들어야만 정상일 터인데, 왜 가끔 이런 즐거운 때가 있는 것일까?

하지만 이 질문에 대한 대답 또한 간단명료하게 준비되어 있다. 그 답은 '러너스 하이(runner's high)'이다. 장거리 달리기나 마라톤을 하다 보면 몸은 죽어라 뛰고 있건만 기분이 아주 좋아지는 구간이 있으니, '러너스 하이' 구간이다.

몸이 극도로 힘들어질 때 우리 신체는 신기하게도 그 고통을 잊게 해주는 호르몬을 분비한다. 그 덕분에 오히려 기분이 상쾌하고 쾌적해지며, 때론 더 없는 황홀감까지 맛볼 수 있게 된다.

부처님 말씀대로 인생은 고해(苦海), 고통으로 가득 찬 바다와도 같다. 하지만 바다는 그저 바다일 뿐이지 바다가 나쁘거나 못된 것은 아니다. 그러니 바다를 원망할 일은 아니고, 우리 스스로가 그 바다를 힘겹게 헤쳐 나가야 하기 때문에 괴로운 바다, 즉 고해가 된다.

이처럼 삶이 힘든 까닭은 뭔가 얻기 위해서, 간단히 말하면 먹고 살기 위해선 앞으로 달려 나가야 하기 때문이다. 그런데 신기하게도 힘들게 열심히 달려가다 보면 때론 우리 몸에서 호르몬이 분비되어 '러너스 하이' 상태를 만들어준다.

그런 순간이나 때가 되면 사는 맛이 난다고 하고 사는 게 즐겁다는 말도 하게 된다. (사실 몸은 여전히 괴롭고 힘들지만 뇌의 작용으로 인해 호르몬 분비라고 하는 보상이 주어질 뿐이다.)

성장하는 동안에는 힘들어도 즐겁다

몸이 제 아무리 힘들다 해도 우리 뇌 속에서 신기한 호르몬을 분비한 결과 기분이 좋고 즐겁다면, 그건 역시 좋고 즐거운 것이라 해도 맞는 말이다.

러너스 하이를 만들어내는 호르몬은 BDNF인데, 이는 일종의 '성장 호르몬'에 속한다. 즐겁게 해주는 호르몬이 성장 호르몬이란 사실을 좀 더 확대 해석해보면, '성장하는 동안에는 즐겁다'는 말도 된다.

뜨거운 하늘 아래 동대문 길

우리가 인생을 살아간다는 것은
내 다리를 써서 앞으로 달려가는 것과 같다.
그렇기에 산다고 하지 않고 살아간다는 말을 하지 않는가!

그러니 '왜 사는 게 어려운가?' 하고 묻는다면 그 대답 또한 간단하다.
'내 모든 힘을 무진장 써서 앞으로 달려가기 때문'이다.

가령 경제도 성장률이 잘 나올 적에는 국민이 즐거워한다는 말도 되는 셈이고, 개인에게도 뭔가 자라고 커가는 느낌이나 성취감이 드는 동안에는 역시 즐거운 기분으로 지내게 된다는 말도 된다.

나아가서 공부는 힘든 일이지만 점차 실력이 늘면 재미가 나고 또 그 재미 때문에 성적이 향상되는 선순환 역시 성장의 효과이다. 공부하는 재미가 바로 그것이다.

이쯤에서 정리해보자.

사실 살아간다는 것은 힘을 쓰는 일이라 괴롭다. 맞는 말이다. 하지만 러너스 하이란 것이 있어 때론 즐겁고 심지어 황홀경에 들기도 한다. 사실 몸은 여전히 힘들지만 우리 몸에서 분비하는 신비한 호르몬 때문에 러너스 하이가 존재한다. 그리고 러너스 하이를 만드는 것은 성장 호르몬의 일종이니 성장은 그 자체로 즐겁고 신나는 일이다.

사람이 즐거운 것은 꼭 돈을 많이 벌었거나 명예를 얻어서가 아니다. 그보다는 성장 호르몬이 마구 분비되는 동안에 즐거운 것일 가능성이 더 크다. 힘들어도 재미가 있으면 즐겁지 않은가 말이다.

현실은 여전히 고통의 바다이건만 누구는 즐겁고 누구는 괴로운 차이는 바로 성장 호르몬의 차이란 생각도 든다.

chapter 5

누구나 한때 빛난다

어떠한 삶도 영원히 살지 못하고,
죽은 자 다시 일어나지 못하며,
가장 느린 냇물일지라도
마침내 바다에 이르게 될지니.

- 《사랑의 풍토》

막바지 기승은 전환기의 모습이다

늙은 더위, 노염(老炎)이 막바지 기승을 부리고 있다. 여기에서 '막바지 기승'이란 표현은 일견 모순(矛盾)처럼 들린다. '막바지'라 함은 '끝나기 직전'을 뜻하는 말인데, '기승(氣勝)을 부린다'고 하니 말이다. 기세가 등등하면 앞으로도 한참을 이어가야만 그게 정상일 것 같은데 막바지라고 한다.

하지만 '막바지 기승'이란 표현은 전혀 틀린 말이 아니다. 일은 막바지에 이르렀을 때 가장 치열하기 때문이다. 그러다가 어느 한순간 기세가 확, 하고 꺾인다. 더러는 삽시간에 사라져버리기도 한다.

8월 7일로 이미 입추(立秋)를 맞이했으니, 실은 가을 기운이 맹렬하게 들어서고 있다. 하지만 늦더위가 워낙 치열하고 가열(苛烈)찬 까닭에 계절은 이미 가을로 접어들었건만, 우리로 하여금 '가을이 과연 오긴 올 것인가?' 하고 고개를 꺄우뚱하게 만들고 있다.

모든 흐름의 막바지는 사람을 현혹하고 속인다

이게 바로 전환기(轉換期)의 모습이다. 어떤 흐름이 어느 때보다도 치열하고 맹렬하다면 이미 다른 흐름이 시작되고 있는 것이 아닌가를 생각해볼 필요가 있다.

그렇기에 어떤 흐름이 지나치게 치열하다 싶으면 이미 상태가 바뀌고 있는 도중이라 봐도 무방하다. 또 사물의 흐름을 이런 식으로 볼 수 있다면, 이게 바로 선견지명(先見之明)이다.

지금의 때가 계절이 바뀌는 때라는 것은 누구나 상식적으로 다 알고 있지만, 이를 다른 사물이나 우리 인생의 일에 적용할 경우 사정은 완전히 달라진다. 그냥 까막눈이 되고 만다. 사람들은 치열하고 기승을 부리는 것을 보고 지금의 흐름이 앞으로도 장구히 이어갈 것 같은 환상 또는 착각에 빠져든다.

이처럼 모든 흐름의 막바지는 사람을 현혹하고 속인다.

예를 들자면 주식이 그렇다. 증시나 주식은 막바지 국면에서 맹렬한 상승세를 보인다. 돌이켜보라, 바로 그때가 꼭지가 아니었는가. 해지기 전의 저녁노을이 가장 장려(壯麗)하듯 막바지가 가장 장쾌하다. 하지만 해는 곧 질 것이다.

세상과 자연의 이치는 근본에 있어 같다

막바지의 치열함은 무더위 같은 자연현상만이 아니라, 모든 일이 그렇다. 세상과 자연의 이치는 근본에 있어 같다.

1980년대 초 우리나라는 이른바 신군부 정권이 들어서 많은 사람이 '우리의 민주화'에 대해 꽤나 절망하고 있었다. 하지만 실은 그게 막바지였고, 1987년 이후로 우리 사회는 빠르게 민주화로 이행해갔다. 사람들은 민주화 이행을 대단히 드라마틱한 일로 여기지만 실은 1980년 초부터 상황은 급속도로 변하고 있었던 거다.

2008년 중반 미국에서 금융위기가 터졌다. 미국 경제가 승승장구하는 줄로 여기고 있던 사람들에게 그건 대단히 드라마틱한 일이었다. 하지만 위기는 이미 2001년부터 준비되고 있었다.

더 이상 돈을 빌려줄 곳이 마땅치 않자 은행들은 급기야 '서브프라임 모기지론(subprime mortgage loan)'을 팔기 시작했던 것이고, 그게 막바지의 모습이었다. 더는 돈을 빌려줄 곳이 마땅치 않게 되었다는 사실이, 바로 상황의 반전을 알리고 있었다.

지금의 우리 경제 또한 마찬가지이다. 소득이 늘지 않고 좀비기업이 늘고 있으며, 청년들의 일자리는 생겨나지 않는데도 거액의

창공에서 먹이를 찾는 콘돌

사람들은 치열하고 기승을 부리는 것을 보고
지금의 흐름이 앞으로도 장구히 이어갈 것 같은
환상 또는 착각에 빠져든다.
이처럼 모든 흐름의 막바지는 사람을 현혹하고 속인다.

해지기 전의 저녁노을이 가장 장려(壯麗)하듯 막바지가 가장 장쾌하다.
하지만 해는 곧 질 것이다.

대출을 받아 집을 사고 있다. 소득이 늘지 않고, 좀비기업이 늘고, 일자리 창출이 없다는 자체가 이미 상황의 반전을 알리고 있다. 남은 것은 언제 주택가격 하락이 시작되느냐의 문제일 뿐이다. 이른바 '민스키 모멘트(Minsky Moment, 과도한 부채 확대에 기댄 경기호황이 끝난 뒤 은행 채무자의 부채상환 능력이 나빠져 결국 건전한 자산까지 내다팔아 금융 시스템이 붕괴하는 시점)'가 언제냐 하는 문제이다.

1980년대 중반 소련은 군비를 지속적으로 늘리고 있었으며, 근 100년 전부터 침을 흘려오던 아프가니스탄을 침공했다. 미국의 군사 전략가들을 포함하여 모든 서방국가들이 소련의 위세에 떨고 있었다. 하지만 그게 막바지였다. 소련은 1991년 말 하루아침에 붕괴하고 말았다.

오늘날 중국이 남사군도 문제를 비롯하여 전 방면에서 기승을 부리고 있다. 한편으론 실크로드 개발 사업에 미증유의 돈을 투자할 것이라 하면서 돈다발을 흔들어대고 있다. 얼마 전 얘기했듯이, 남사군도의 콘크리트 기지는 바닷새의 한가로운 쉼터가 될 것이다.

새로운 바람은 결코 거세게 불어오는 법이 없다

기존의 흐름이 더욱 기승을 부리는 한편 그 밑에선 보이지 않는 또 다른 물결이 들어서고 있는 것이 바로 전환기의 모습이다. 기승을 떠는 막바지에 현혹될 일이 아닌 것이다. 몇 년 사이 우리 사회는 '대세(大勢)'라는 말이 꽤나 유행하고 있다. 바로 그 대세야말로 실은 막바지의 전형적인 모습이다.

그런데 일부 사람들은 그 막바지 모습에 대해 심지어 새로운 바람, 신풍이라 여기는 사람도 있다. 하지만 신풍은 결코 거세게 불어오는 법이 없다. 솔솔 불어오되 끊임없이 불어온다. 그게 새로운 바람이다. 조만간 불어올 청량한 가을바람 또한 그럴 것이다.

서해에 나가보면 빠졌던 물이 들어올 때 처음부터 거세게 들어오지 않는다. 조금씩 아주 조금씩 들어찬다. 그 바람에 바다를 잘 모르는 사람은 여차하면 뛰어나가야지 하는 마음에 계속 조개를 캐다가 갑자기 어느 순간 나올 수 없게 된다. 새로운 흐름은 언제나 처음에 미약하기에 그렇다.

모든 이치는 우리가 일 년 사시사철 늘 대하는 자연의 모습 속에 고스란히 깃들어있다. 그렇기에 자연으로부터 배우면 된다. 인생길도 그러하고, 세상 변해가는 모습도 그렇다. 자연을 세심하게 관찰하다 보면 보이지 않던 것이 눈에 들어온다. 그를 계속 바라보다 보면 서서히 그 속에 담긴 어떤 이치를 볼 수 있게 된다. 이치(理致)란 것은 단순하고 심오하다.

지금 당신이 어떤 현상을 바라보고 있는데, 그 대상이 너무 복잡해서 두서가 없다 싶다면 그건 그 속에 담긴 이치를 모르고 있다는 말이다.

복잡한 것은 그 대상 자체가 복잡하기보다는 당신이 아직 그 속의 질서를 보지 못했다는 뜻이다. 이 세상에 복잡한 것은 존재하지 않는다.

물론 오늘날 과학에서는 '복잡계(complexity system) 이론'이 활발하게 진행되고 있다. 하지만 이 또한 아직 복잡해 보이는 시스템에 대한 통찰의 부족에서 기인한다고 생각한다. 대상의 근저에 놓인 보다 근원적인 규칙 혹은 이치를 모르고 있을 때, 그를 일러 우리는 '복잡계'라고 칭하고 있다는 생각이다.

간단하지 않으면 이치라 할 수 없다. 다만 문제는 우리의 능력과 통찰력이 그 간단한 이치에까지 이를 수 있느냐이다. 그 간단한 이치는 사물의 근저(根底), 즉 바닥에 놓여 있기에 깊을 심(深)과 깊을 오(奧)를 붙여서 '심오하다'고 하는 것이다. 따라서 그 깊이에 도달하는 힘이 바로 통찰력이라 하겠다.

어떤 사람이 어떤 일을 오랜 시간에 걸쳐 열심히 하고 있다고 하자. 그 사람에게 누군가 왜 그 일을 그렇게 열심히 하느냐고 물었다고 하자. 진정으로 어떤 일을 열심히 하는 사람이라면 사실 그 대답은 언제나 단순하다. 또 단순해야 한다. 가령 재미있어서, 혹은 좋아서 등 이유는 언제나 간단하기 때문이다.

이제 마무리하자. 막바지는 늘 치열하다. 치열하면 막바지에 이

푸른 하늘 아래의 동해 바다

간단하지 않으면 이치라 할 수 없다.
다만 문제는 우리의 능력과 통찰력이
그 간단한 이치에까지 이를 수 있느냐이다.

그 간단한 이치는 사물의 근저(根底), 즉 바닥에 놓여 있기에
깊을 심(深)과 깊을 오(奧)를 붙여서 '심오하다'고 하는 것이다.
따라서 그 깊이에 도달하는 힘이 바로 통찰력이라 하겠다.

른 것이다. 그렇기에 이미 또 다른 기운과 흐름이 등장하고 있는 것이다.

노염(老炎)이 마지막 기승을 부리고 있다. 그러니 이미 가을로 접어들었다. 이제 가을 기운이 뚜렷해지길 기다릴 뿐이다.

바람이 알곡을 살찌우는 시간

풀무와 화로 그리고 메질과 담금질

목하 9월이다.

낮으로는 햇살의 뜨거운 기운을 쪼여서 익힌다. 밤으로는 차가운 공기가 냉각시켜서 부피를 압축시킨다. 이렇게 점점 여물고 익어간다. 8월의 처서(處暑)에 생겨난 벼의 알들이 10월의 튼실한 쌀알로 되어가는 과정이다.

대장장이가 칼을 만들 때 먼저 풀무로 화로의 불을 피워 쇠를 달군다. 그런 다음 망치로 두들기는 '메질'과 물에 넣어 급격하게 식히는 '담금질'을 여러 번 되풀이한다. 이는 열을 가해서 불리고 익힌 다음, 두들기고 냉각시켜 압축시키는 과정이다.

쌀이 만들어지는 과정이나 대장간에서 칼이 만들어지는 과정은 본질적으로 동일하다. 뿐만 아니라 그 어떤 결실이나 열매 모두가 불과 물, 즉 화수(火水)를 이용하여 여물고 단단하게 하는 과정을 거쳐서 탄생하고 만들어진다. 모든 결실은 단련(鍛鍊) 혹은 정련(精鍊)의 과정을 통해 만들어지는 것이다.

지금 우리 눈앞의 9월이야말로 천지(天地) 혹은 자연(自然)이 '풀무'와 '화로', 그리고 '메질'과 '담금질'을 통해 이 세상 모든 결실을 만들어가고 있다.

이 작업을 약간 시적(詩的)으로 표현하면, 하늘과 땅이 하나의 거대한 화로(火爐)가 되고, 그 사이를 불어가는 바람으로 풀무를 삼으며, 낮과 밤의 일교차로써 메질과 담금질을 하고 있는 셈이다.

저 과정은 지난달 8월 23일의 처서(處暑)로부터 시작하여 이달 9월 23일 추분(秋分)까지 진행될 것이며, 9월 8일 백로(白露)로서 최절정에 달할 것이다.

고대 중국의 연단술(鍊丹術)에 관한 책인《주역참동계(周易參同契)》로부터 시작된 도교의 무수한 책들, 그리고 서양의 연금술(鍊金術)에 관한 책들과 사상은 그 신비함으로 인해 많은 이들의 관심을 받았고 지금도 일부 그렇다.

그 내용이 무척이나 복잡하고 심오해 보이지만 그 본질은 방금 내가 말하고 있는 것과 동일하다. 동양의 연단술이나 서양의 연금술 모두 저 대자연의 운동방식을 모방함으로써 불로장생하고 유한한 생명의 한계를 초월해보자는 것이라 하겠다.

자연이 무수히 반복되는 한 해를 통해 끊임없이 보여주고 있는 저 운동 혹은 작동의 일체 과정, 즉 a predefined set of movement by nature을 모방해보자는 것이다.

그런 면에서 나 호호당은 과거 연단술사나 연금술사의 후예라고 말할 수 있겠다. 다만 그간에 드리워진 대중을 현혹하는 어설픈 신비주의(神秘主義)와 과대 포장된 환상(幻想)을 들어내고, 그 대신에 과학과 수치로 입증하여 정립한 것이 바로 '자연순환운명학'이다.

자연순환운명학은 대자연의 운동이 사물은 물론 사람의 삶에 있어 고스란히 반복되고 재현되고 있음을 말해주고 있다.

사람들이 말하는 운의 변화란, 결국 기본적으로 60년이란 시간의 틀 속에서 이루어지고 있지만 더 자세히 들여다보면 60개월과 60일, 그리고 더 작게는 60시진(5일)의 비교적 작은 시간 프레임 속에서도 철저하게 작용하고 있다. (물론 더 크게는 360년에 걸쳐서도 작용하고 있으며, 더 크게는 21,600년에 걸쳐서도 작용하고 있을 것으로 추정한다.)

자연순환운명학은 그 시간 틀 속의 변화를 24절기로 나누어 설명하고 있다. 나의 책 《당신의 때가 있다》는 그 부분에 대해 쉬운 말로 풀어서 얘기하고 있다.

늦가을 정선의 동강

쌀이 만들어지는 과정이나
대장간에서 칼이 만들어지는 과정은 본질적으로 동일하다.
뿐만 아니라 그 어떤 결실이나 열매 모두가
불과 물, 즉 화수(火水)를 이용하여
여물고 단단하게 하는 과정을 거쳐서 탄생하고 만들어진다.
모든 결실은 단련(鍛鍊) 혹은 정련(精鍊)의 과정을 통해 만들어진다.

봄의 춘분으로써 생겨나고
가을의 추분으로써 이루어진다

다시 돌아오자.

9월은 결실을 완성하기 위해 맹렬히 메질과 담금질을 하는 계절이고, 9월 23일의 추분이 되면 거의 얼추 결실이 그 모습을 드러낼 것이다.

이를 두고 중국의 고전 《회남자(淮南子)》 〈범론훈(氾論訓)〉에는 "春分而生, 秋分而成"이라 말하고 있다. "봄의 춘분으로써 생겨나고 가을의 추분으로써 이루어진다"는 것이다.

"추분으로써 이루어진다"고 했지만 그 작업의 시작은 8월 23일경의 처서로부터 시작된다. 한 해로 치면 겨우 한 달에 불과하지만 60년에 걸친 사람의 운세 변화로 보면 무려 5년이다.

그 과정이 구체적으로 어떤 것인지 예를 들어 설명해보자. 내가 좋아하는 가수 아이유가 적당할 것 같다.

아이유는 1993년 5월 16일 생이다. 계유(癸酉)년 정사(丁巳)월 정유(丁酉)일이다. 태어나기 전인 1977년 정사(丁巳)년이 입춘 바닥이었고, 2007년 정해(丁亥)년이 입추(立秋)였다. 1993년에 태어났으니 입하(立夏)가 막 지났을 무렵이다.

입하가 지나 세상에 나왔으니 형편은 어려워도 기본적으로 긍정적이고 명랑한 성격의 소유자이고, 태어난 날이 정화(丁火)라서 목소리가 섬세한 불의 음색, 즉 환타지를 불러일으키는 맛이 실려 있어 겨울에 태어난 사람들이 무척 좋아할 것으로 본다.

2007년이 기의 절정인 입추였는데, 2007년 10월 오디션에 합격하면서 가수로서의 길에 나섰으며, 2008년 9월에 미니 음반을 발표하면서 정식 가수로 데뷔했다. 다음 달인 10월에는 문화체육관광부에서 주관하는 '이달의 우수 신인음반'에 선정되었다.

아이유에게 있어 단련, 즉 대중가수로서의 메질과 담금질이 시작되는 처서의 운은 2009년이었다. 아이유가 대중의 주목을 받고 자신의 이름을 알리기 시작한 것은 그해 4월 정규 음반을 발매한 이래 텔레비전에 모습을 보이면서부터였다. 이제 대중에게 본격적으로 노출되기 시작한 것이다.

팬이 생기자 자동적으로 안티 팬이 생겼을 것이고, 악플에도 시달리기 시작했을 것이다. 무대 매너 등등 여러 면에서 대중과 호흡하는 것도 익혀야 했을 것이다. 노래로는 이미 완성된 상태였겠지만, 대중가수는 노래만이 아니다. 이에 본격적인 메질과 담금질이 시작된 셈이다.

2010년 6월이 되자 아이유는 음원차트에서 선두를 달렸다. 경인(庚寅)년 임오(壬午)월이니 인정을 받는 운, 즉 명예의 관운(官運)이 본격화된 것이다.

2012년은 백로(白露)의 운이었다. 메질과 담금질이 절정에 달할 무렵이다. 임진(壬辰)년이니 명예가 빛나는 해였고, 그 바람에 소비자들이 꼽은 광고모델 톱10에 이름을 올렸다. 이제 노래 잘하는 가수가 아니라, 명실 공히 대중가수, 대중연예인으로 자리를 잡은 것이다.

2014년은 아이유에게 있어 추분(秋分)이었다. 앞서 말했듯이 이 무렵은 이루어지는 때이다. 따라서 이제 아이유는 대중연예인으로 사실상 완성품이 되었다.

밥에 비유하면 이제 다 된 셈이지만 마지막에 가서 뜸이 들어야 정말 맛있는 밥이 된다. 그렇다면 뜸이 다 들어서 뚜껑을 열 때가 있을 것이니 그게 언제일까?

추분인 2014년으로부터 5년이 경과한 2019년이 그때이다. 운세상 상강(霜降)의 때로서, 대중가수 대중연예인으로서 최종 완성된 때인 것이다. 2007년 오디션에 합격하면서 가수의 길로 들어선 지 12년 만의 일이다.

정리해보면 아이유에게 최초의 정규앨범을 발매한 2009년 4월부터 2014년 4월까지의 5년 동안이 운명의 처서에서 추분에 이르는 메질과 담금질의 시기였다. 대중을 풀무와 화로로 하고 팬들의 칭찬과 비난을 메질과 담금질로 해서 대중가수 아이유라는 명검(名劍) 한 자루가 만들어졌다.

물론 세상만사 영원히 이어지는 법은 없다. 명검 역시 세월이 가고 때가 되면 어느새 날이 무뎌지고 녹이 슬기 마련이다.

아이유란 명검 또한 2019년 상강의 때로부터 10년간 쓰다 보면 날이 무뎌질 것이고, 또 10년이 지나면 녹이 슬어있을 것이다. 그 사이에 많은 일이 있을 것이고, 많은 경험을 통해 인생의 연륜과 지혜가 쌓일 것이다. 그리고 새로운 삶을 살게 될 것이다. 새봄이 올 것이니 말이다.

창밖을 보니 목하 9월이다. 다음 주 화요일이면 백로이다. 만물을 익히고 여물게 하는, 실로 맹렬한 때이다. 한낮의 더위와 밤의 서늘한 공기가 갈마들면서 사정없이 빡세게 천지(天地)의 작업을 진행하고 있다.

성공하는 사람은 테마를 가지고 간다

성공이란 자신의 테마를 가지고
그 길을 걷는 자만이 맛볼 수 있는 것

삶에서 성공하는 사람을 살펴보면 그 사람만의 테마, 즉 주제가 있다.

오늘날 세상은 다양성을 추구하는 세상이기에 성공한 사람들 중에는 다양한 직업을 전전하면서 성공한 사람들도 있다. 하지만 그 또한 잘 살펴보면 그 사람만의 일관된 주제가 있다는 것을 알 수 있다.

자신만의 테마를 처음부터 확고하게 설정한 상태에서 살아가는 이는 많지 않다. 없는 것은 아니지만 말이다. 따라서 성공하는 사람의 삶이란 어떤 면에서 본인의 테마를 찾아가는 과정이라고 봐도 무방하다.

그저 막연히 이 길이 좀 빠를 것 같아, 또는 저 직종이 대세이고 흐름이 아닐까 싶어 이리 가고 저리 옮기는 사람이 있다. 그 사람은 아직 자신의 테마 또는 주제를 가지고 있지 않은 것이라 봐도 무방하다. 그렇기에 그 사람은 아직 성공의 문턱에 들어서지 않은 상태이다. 성공의 문턱에 들어서지 못한 채 나이 40이 넘은 사람 또한 부지기수(不知其數)다.

그렇다면 그런 사람은 성공할 수 없다는 말인가 하면 그 또한 그렇지 않다. 나이와 상관없이 자신의 테마를 갖는 순간부터 그 사람은 자신의 길을 가는 것이고, 세월이 흐르면 마침내 성공에 이르게 된다. 그러니까 성공이란 자신의 주제와 테마를 가지고 그 길을 걷는 자만이 맛볼 수 있는 것이란 얘기이다.

"어떻게 하면 성공할 수 있나요?"라고 묻는 젊은이들이 많다. 그러면 나는 다음처럼 되묻는다.

"본인의 테마, 내지는 주제가 있나요?"

"그런 건 딱히 없고요, 하지만 열심히 노력해서 성공하고 싶습니다."

"성공하려면 테마가 있어야 해요. 방향이 서야 그 노력도 누적

되고 결국에는 성취에 이를 수 있으니까요.”

"어떻게 하면 테마를 가질 수 있죠?”

"열심히 가다 보면 때가 오고, 그때가 되면 생깁니다.”

‘목표라기보다는 테마가 있어야 노력도 방향을 가지게 되고 세월의 복리이자가 붙어 성공할 수 있다’는 것은 어떻게 보면 상식이다. 테마를 정하고 그 방향으로 노력을 집중하는 것을 경영 컨설턴트들은 흔히들 목표를 조직화, 즉 오거나이즈(organize)한다고 표현한다.

‘그냥 돈을 많이 벌어보자는 것 또한 하나의 목표 내지는 테마가 아니겠느냐’고 물어볼 수도 있겠다. 맞다. 그 또한 테마가 될 수 있다. 진심으로 돈을 많이 버는 것, 그 자체가 목표인 사람도 없지는 않다. 그런 사람은 풍족보다는 돈이 많은 것 자체를 원한다. 공감하긴 어렵지만, 삶은 자유이니 그런 목표를 가졌다고 해서 흠 잡을 일은 아니다. 우리 주변을 둘러보면 검소하고 절약해서 돈을 많이 모은 사람이 적지 않다. 그 사람들은 목표가 돈이었던 것이고 그 결과 돈을 많이 번 것이니, 나름 성공한 것이라 하겠다. 남들이야 구두쇠라 하든 말든 자신의 테마를 갖고 노력한 사람들이다.

한편에서는 “야, 돈이 돈 버는 세상이네” 하고 푸념을 하는 사람들이 있다. 사실이 그렇다. 이것은 내가 말하는 ‘복리이자 현상’

의 일부이다. '돈이 돈 번다'는 엄청난 지혜를 깨쳤으면 푸념만 늘어놓을 일이 아니라, 돈을 만들어내는 바로 그 돈, 그러니 종잣돈을 만들어서 '돈이 돈을 버는' 대열에 동참하면 될 일이다.

종잣돈을 만들었다면 절반은 성공한 것이라 해도 좋다. 그런데 대출 받은 돈은 종잣돈이 아니라 그냥 빚이라는 사실 또한 잊지 말아야겠다.

여기서 잠시 테마란 것이 반드시 사회적 성공에 한한 일이 아니라는 점도 얘기해두고자 한다.

어릴 적에 부모님이 불화하여 결손 가정에서 자란 청년이 결혼하면서 나는 반드시 내 자식들에게 좋은 울타리가 되어주겠다고 결심했다면, 이것 역시 하나의 코드이고 테마이다.

그런 사람은 비록 다른 꿈이 있다 해도 자신의 메인 테마가 워낙 소중하기에 다른 꿈을 좇기보다는 좋은 가정을 꾸리는 것에 힘을 쏟을 것이다. 그 지극함은 좋은 자녀를 길러낼 것이고, 또 만년에 그 보람을 얻을 것이다.

성공이라 해서 반드시 거창하고 요란하란 법은 없다. 기분 같아서는 직장이고 뭐고 다 때려치우고 자유인이 되어 세상을 훨훨 날아다니고 싶어도, 자녀를 생각해서 마음 다독이며 살아가는 수많은 사람들이 우리 주변에 있다. 그 또한 훌륭한 것이다.

이렇게 보면 우리 주변에 삶에서 성공을 거두고 있는 사람이 의

간월암에 가을이 깊었으니

삶에 있어 늦은 때는 없다.
그저 나에게 주제가 있느냐
테마가 있느냐 또는 코드가 있느냐,
내 행동과 계획이 지향하는 바를 설명할 수 있는
그 '한마디'를 가졌느냐의 문제일 뿐이다.

외로 많다는 사실을 알 수 있다. 30~40대 청장년층 중에는 그런 것은 성에 안 찬다고 하는 경우도 많겠지만, 한시 바삐 그런 허영일랑 버리는 것이 좋겠다.

지금 내가 하고 있는 일이 이른바 비전도 없고 성공할 것 같지도 않지만, 일단 내가 낳은 자녀를 먹이고 입히는 데 크게 부족함이 없다면, 그것 자체로 당신은 이미 많은 것을 하고 있는 것이다.

그러니 하는 일을 자꾸 바꾸다보면 성공을 거두기 어렵다. 그것이 그저 먹고사는 일에 그친다면 그렇다. (물론 앞서 얘기했듯이 자녀들을 잘 부양할 수도 있을 것이니 그로써 만족해도 될 일이지만.)

중요한 것은 그러니 나만의 테마나 주제가 있느냐 하는 점이다. 그냥 직장을 바꾼 것이 아니라, 월급 몇 푼 더 준다고 바꾼 것이 아니라, 전략을 가지고 그 전략의 단계를 밟기 위해 직장을 옮기고 전공을 바꾼 것이라면 이미 길을 제대로 가고 있는 것이다. 제대로 길을 간다는 말은 때가 되면 세월의 복리이자를 기대할 수 있다는 말과 동어의이다. 비유하자면 이는 손문이 중국을 개혁하겠다고 마음먹은 지 30년 만에 신해혁명으로 새로운 중국이 된 것과 같은 일이다.

당연하게도 거창한 성공만이 성공은 아니다.

같은 직장을 다녀도, 언젠가 조건이 더 좋은 직장으로 옮기겠다는 사람과 이 직장에서 반드시 성공해서 미래의 사장이 되겠다고 마음먹은 사람과는 세월이 지나면 큰 차이가 난다.

또 직장을 다니면서 저축을 하는 사람과 한 건을 기대하며 일단 쓸 건 쓰고 보는 사람과는 세월이 지나면 큰 차이가 난다. 마음먹기에 따라 같은 직장을 다녀도 세월의 복리이자가 붙는 사람이 있고 그렇지 않은 사람도 있다는 사실이다.

나이 50이 되고 보니 지난 49년이 헛됨을 알았다

그런데 이 글을 읽는 당신이 사십대 중반이라고 하자. 여기서 하는 말들을 곰곰이 따져보니 '허송세월이었다' 싶은 사람도 있을 것이다.

그러나 늦은 때란 결코 없다. 인생은 마지막의 마지막까지도 기회가 주어지기 때문이다. 언젠가 말했듯이 "운명의 이치는 실로 자상한 손길과 같다"는 말처럼.

공자가 조국에서 추방되어 방랑길에 올랐을 때 공자를 많이 도와준 '거백옥'이란 위인이 있었는데, 이 사람이 한 말인 즉, "나이 50이 되고 보니 지난 49년이 헛됨을 알았다"고 자탄했다는 것이다. 아직도 누군가를 탓하고 있다면 나이에 상관없이 아직 성공으로 가는 길의 초입(初入)에도 들어서지 못했다고 알면 정확하다.

삶에 있어 늦은 때는 없다. 그저 나에게 주제가 있느냐 테마가 있느냐 또는 코드가 있느냐, 내 행동과 계획이 지향하는 바를 설명할 수 있는 그 '한마디'를 가졌느냐의 문제일 뿐이다.

더러 삶을 우습게 알고 까불어대다가 40대 중반에 이르러 바닥을 치는 경우도 많다. 모든 것이 날아가고 떠나가고 스스로 한심해서 죽고 싶을 정도라면, 그것이 진정한 바닥이다. 그러면 그 사람은 그 바닥 운에서 자신의 진정한 모습과 만나게 된다. 그러면 자신만의 코드를 얻게 된다.

그러면 그로부터 30년간 운이 뻗어갈 것이다. 이런 사람은 세상의 경험 특히 쓴 맛을 알기에 더욱 멀리 뻗어갈 사람이다. "송백(松柏)은 겨울이 되어서야 그 청청(青青)함을 안다"는 옛말이 이런 경우이다.

지금이라도 당신만의 테마를 만들어내시기를.

인생 최고의 순간

절정의 때란 감지되지 않는 무엇

결혼해서 첫 아기를 키우고 있는 제자가 메일을 보내왔다. 18개월이 되어가는 아들의 사진도 함께 보내왔다. 이제 18개월, 세상 아무 것도 모르는 그 눈빛이 생기에 넘치고 있었다.

"아기가 엄청 힘차 보이네요. 예쁘죠? 지금의 모습과 행동들을 잘 기억해두세요, 평생 그리울 것이니. 그냥 하루하루 평범하게 지나가는 것 같겠지만 훗날 생각해보면 지금의 모든 순간이 얼마나 행복했던 시간들이었는지를 알게 되거든요. 지금 눈앞에 삶의 보석을 대하고 있다는 거."

　아기 엄마인 제자는 무럭무럭 성장해가는 아기가 신통방통할 것이고 예쁠 것이다. 물론 행복할 것이다. 그렇지만 제자는 아기와 함께하는 순간순간들이 자신의 삶에 있어 그 얼마나 빛나는 절정의 때인지를 결코 실감하진 못할 것이다. 왜냐면 절정의 때는 과거에 있었거나 아니면 미래에 있을 것이라 여기는 우리들인 까닭이다.

　지금을 절정이라 느낄 수 없는 이유는 우리가 너무 욕심이 많아서만 그런 것은 아니다. 우리가 어떤 시간 속에 있을 때에는 그 시간을 감지하지 못하기 때문이다.

　시간이란 물건은 우리가 어떤 시간의 바깥에 있을 때에만 감지할 수 있는 것, 따라서 '지금 그리고 이곳'은 그 시간의 속에 있기에 그건 시간으로 감지되지 않는다. 그냥 눈앞의 일일 뿐이다. 그렇기에 '절정의 때' 역시 어떤 시간이기에 '지금 그리고 이곳'에서 감지할 수가 없다.

　그런 까닭에 제자에게 "지금의 모습과 행동들을 잘 기억해두세요, 평생 그리울 것"이며 "훗날 생각해보면 이 모든 순간이 얼마나 행복했던 시간들이었는지를 알게 될 거"란 말을 했다.

　상담을 하다보면 찾아온 사람이 마침 '인생 최고의 시간'을 보내고 있을 때가 있다. 최근에 있었던 상담이 바로 그러했다. 하지만 정작 본인은 그게 최고의 시간인 줄 알지 못했다. 나는 그 사람의 생년월일시를 통해 지금 눈앞의 시간들이 그 사람의 삶에서 최고의 순간인 것을 알았지만, 정작 본인은 "여전히 바쁘고 불안하고, 때론 너무 힘들다"고 속내를 토로했다.

가령 톨킨의 《반지의 제왕》을 빌려 얘기하면, "모든 것이 치열하고 아슬아슬해서 숨이 막히는 장면들"이 있다. 미나스 티리스 요새를 둘러싼 긴박한 공방전과 전세 역전의 장면, 또 엄청난 압박 속에서 모르도르의 척박한 땅을 헤치며 운명의 산을 향해 나아가는 프로도의 모습이 이른바 클라이맥스, 절정의 순간들이다.

모든 주요인물들이 고생하고 있고 순간들이 고비이다. 하지만 그 대목들이 바로 소설 속 최고의 절정이다. 그러다가 마침내 반지가 화산의 불길 속에 녹아버리고 사우론은 사라진다. 그런 다음엔 결말의 얘기들이 나오고 소설은 끝이 난다.

나를 찾아온 테이블 저편의 내담자는 지금 절정의 시간들을 보내고 있다. 하지만 정작 본인은 힘들어서 때론 숨이 막힌다는 토로를 한다. 나는 그 사람에게 지금의 시간들이 절정의 시간인 것을 알고 있지만, 그 사람은 그런 줄 모른다. 이럴 때면 늘 기분이 묘하다.

"나중에 돌이켜보면 지금 당신이 보내고 있는 시간들이 최고의 때였다는 것을 알게 될 것, 그리고 많이 그리워하게 될 것"이란 말을 했다. 그러자 상대방은 "아니, 지금 많이 힘들다니까요" 하면서

청량산 가는 35번 국도

시간이란 물건은 우리가 어떤 시간의 바깥에
있을 때에만 감지할 수 있는 것.
따라서 '지금 그리고 이곳'은 그 시간의 속에 있기에
그건 시간으로 감지되지 않는다.
그냥 눈앞의 일일 뿐이다.
그렇기에 '절정의 때' 역시 어떤 시간이기에
'지금 그리고 이곳'에서 감지할 수가 없다.

항변 아닌 항변을 해온다. 이에 나는 "물론 힘이 들겠지만 소설 속 절정의 장면들을 보세요. 느긋하고 편안한 절정이 있던가요?" 하고 덧붙였다.

절정이 지나면 힘든 순간들이 사라지고 편안함을 만끽할 수 있는 느긋한 시간이 찾아온다. 그런데 시간이 좀 더 지나면 그리고 시간이 더 지날수록 편안하고 느긋한 결말보다도 숨이 막힐 정도로 힘들었던 그때가 인생 최고의 순간들이었다는 것을 서서히 또는 문득 알게 된다.

그러면서 이런 생각도 들 것이다. '아, 그때가 최고의 순간들이었다는 것을 그 당시에 알았더라면 그 시간을 더 즐길 수 있었을 텐데….' 그 사람은 절정의 시간 저편, 즉 시간의 바깥에 있기에 그 시간이 무엇이었는지를 비로소 알게 되는 것이다.

그렇기에 인생 최고의 순간, 클라이맥스는 당신이 인생 최고의 고비를 넘거나 또는 최대의 난관을 헤쳐 나갈 때이다. 나중에 고비를 넘은 뒤 또 난관을 헤쳐 나왔을 때의 안도감 역시 대단히 기쁜 순간이 되겠지만, 그 장면은 클라이맥스가 아니다.

묘하지만, 클라이맥스는 한창 진행 중일 때는 알 수 없고 결과가 나왔을 때에만 사후적으로 알게 된다. 그러니 어떻게 최대의 고비 앞에서 이 순간을 즐겨야지 하는 마음을 가질 수 있겠는가? 다만 나는 그 사람이 그 고비를 이미 거의 다 넘어가고 있다는 것을 알고 있기에 그런 말을 해주는 것이고, 그 말을 듣는 그 사람은 오로지 눈앞의 고비를 넘느라 최선을 다하고 있으니 힘들어 죽을 지경인 것이다.

예를 들면 난생처음 국가대표팀에 발탁된 젊은 축구 선수가 큰 시합에 나가는 각오를 묻는 질문에 "즐기고 오겠다"는 말을 할 때가 있다. 픽, 하고 웃는다. 그저 모르고 하는 말이다.

큰 시합에 처음 나가면 엄청 긴장할 것이고 어떻게든 실수만큼은 하지 말아야지 하는 마음에서 꽤 경직된 자세로 운동장을 뛰어다니게 되지, 신나는 게임이니 즐겨야지 하는 마음일 수는 없는 법이다.

그처럼 인생 최고의 순간에 그 순간순간을 즐길 수 있는 사람은 없는 것이 당연하다. 그럼에도 불구하고 내가 그런 말을 해주는 것은 '당신의 일이 어차피 잘 되게 되어있으니까 너무 염려하지 말라'는 말이다.

최고 최대의 고비야말로 실은 최고의 순간

'최고 최대의 고비야말로 실은 최고의 순간'이란 이 말, 독자들의 이해를 돕기 위해 좀 더 얘기해보자.

우리 현대사에 있어 최고의 시간은 언제였을까? 바로 1997년에 발생한 외환위기와 그 극복 과정의 순간이었다. 1964년에 시작된 우리 국운의 60년 순환에 있어 바로 그때가 최고의 클라이맥스였다.

당시는 문자 그대로 최대의 국난(國難)이었다. 물론 수많은 희생자가 생겨났다. 하지만 그 위기를 잘 극복한 결과 2000년대 초반부터 우리 대한민국은 럭셔리한 세월을 맞이했고, 구가할 수 있었다. 그뿐만 아니라 세계 강국의 대열에 들어섰다. 그러니 외환위기와 그 극복 과정이 60년 흐름에서 최고의 때였던 것이다.

우리만 그런 것이 아니다. 세계 최고의 강국 미국 역시 그렇다. 최근 60년 흐름에서 미국이 맞이했던 최고의 고비이자 최고의 순간은 1985년 무렵이었다. 당시 악성 스태그플레이션에 빠져들었지만, 살인적인 고금리 긴축정책을 통해 미국은 힘차게 일어섰고 그 이후 소련을 무너뜨리고 글로벌 패권을 장악할 수 있었다. 바로 그때가 미국의 최고의 순간이었다.

이처럼 인생 최고의 순간은 가장 험난한 고비를 맞이하여 그를 극복하고 넘어서는 때이다. 당장은 힘들어 죽을 지경이겠지만 지나고 나면 그때야말로 힘차게 살아있던 시절로 두고두고 기억하게 될 것이다.

결국 강력한 도전에 직면하게 되고 그에 대해 최고의 역량으로 응전할 때, 위대한 역사학자 토인비가 말한 바의 "challenge and response", 즉 "최대의 도전에 대한 최고의 응수"의 순간이 국가는 물론이고 기업 그리고 개인에게 최고의 때라는 얘기이다.

그리고 그 순간을 넘기고 나면 영광의 세월, 안도의 시간들이 찾아들지만 이미 최고 절정의 때는 시간 저편에 있음을 훗날 어느 때에 이르러 알게 된다.

누구나 한때 빛난다

〈버드나무 정원 아래에서〉(Down By the Salley Gardens)란 시는 아일랜드의 민요를 대시인 예이츠가 약간 다듬어서 내놓은 시이다. 내가 30대 시절 즐겨 암송했던 시인데, 지금은 그저 한 구절만 기억에 남아있다.

She bid me take life easy,

as the grass grows on the weirs

그녀는 내게 삶을 쉽게 받아들이라 했지,

그건 강둑에서 풀이 자라는 것과 같다고

이제 새해가 되면 나 호호당은 세는 나이로 예순하고도 일곱이 된다. 잘도 오래 살아온 셈이다. 저 시와도 같이 30대의 젊은 시절에 나는 삶이 어쩌면 쉬울 수도 있겠다는 생각을 했다. 이에 30년의 세월이 흘러 다시 자문해본다, 그간의 삶이 쉬웠냐고.

물론 답은 "쉽지는 않았다"이다. 그렇지만 지금까지 멀쩡히 살아있는 것을 보면, 아주 힘든 것 또한 아니었던 것 같기도 하다. 젊은 날엔 치밀어 올라 억누르기 힘든 마음들이 있어, 그게 나를 많이 힘들게 하고 발걸음을 무겁게 했다는 생각도 든다.

간밤 산책로에서 우리 강아지의 오줌 세례를 뒤집어쓰고 있는 길가의 시든 풀들에게 넌지시 물어보았다. "넌 쉽게 자랐고 이젠 또 시든 거니?" 하고. 속사정을 모르는 무심한 사람들의 눈엔 여름이 되어 절로 피어난 풀일 뿐이겠지만 정작 그 속이 어떠했는지는 모를 일이다, 싶었다. '너도 한때의 생명이고 너보다야 좀 길긴 하지만 나도 한때의 생명이니 크게 보면 같지 않겠니!' 하면서 집으로 돌아왔다.

일생을 두고 늘 빛나는 사람 없고, 일생을 통해 힘들기만 한 사람 또한 없다

아일랜드의 민요는 '삶을 편안하게 받아들이라'고 충고하고 있지만, 조건이 하나 있는 것 같다. "그저 어떻게든 살아질 것이니 너무 걱정하지 말고 또 때가 오면 그냥 놓고 가면 되는 것 아니겠니? 다만 너무 큰 욕심을 갖는다면 힘들 수도 있겠지" 하는 말 같다.

우리가 긴 인생 살아가다 보면 누구나 빛나는 시절이 있기 마련이다. 그런가 하면 힘든 시절 또한 겪기 마련이다. 일생을 두고 늘 빛나는 사람 없고, 일생을 통해 힘들기만 한 사람 또한 없다.

그렇기에 사는 것이 강둑의 풀 자라듯 쉽지 않게 여겨지는 까닭은 우리의 삶이 늘 빛나는 시간들로만 채워지길 바라는 마음 때문일 거란 생각이 든다. 다름이 아니라 이런 걸 두고 '욕심', 즉 '과한 욕심'이라고 한다.

살아보면 긴 인생 늘 빛나는 순간들로 채울 순 없다는 것을 알게 된다. 다시 말해서 꽃길만 걸을 수는 없다는 얘기이며, 설령 꽃길만 걸을 것 같으면 그건 꽃길이 아니라 지루한 길일 것이다.

내가 오랜 연구를 통해 알아낸 운명의 이치와 법칙인 자연순환 운명학에 의하면, 한 사람의 생에서 빛나는 세월은 최대한 잡아서 18년이다(18년 중 핵심 마디는 15년이다). 반대로 굴욕과 고생의 세월 또한 18년이면 어느덧 끝이 난다.

운은 60년을 하나의 주기(週期)로 하기에 15년은 한 계절이라 보면 된다. 한 계절 동안의 영화(榮華)로운 삶인 것이다.

유명 연예인이나 정치인, 여타 우리가 아는 이른바 '셀럽'들도

구례, 노고단 가는 길

어떤 사람이든 운세 순환 60년에 있어서 15년,

즉 한 계절 동안 영화의 시기를 보낸다.

그 이전은 상승 발전하는 15년의 기간이고,

영화의 시절 이후 15년은 매너리즘과 쇠락해가는 15년이며,

나머지 15년은 부진하고 때론 굴욕을 겪는 15년으로 채워진다.

마찬가지다. 가령 한때 청춘스타의 대명사였던 한 배우는 1992년 드라마를 통해 최고의 스타가 되었지만, 2008년 돌연 생을 마감하고 말았으니 전체 해서 16년에 불과하다. 그 본 마디는 물론 15년이다.

스포츠 선수의 경우 운만이 아니라 강인한 체력을 요구하기에 15년 이상 빛을 발하는 선수는 대단히 드물다. 오히려 예외에 속한다. 우리 야구의 대스타였던 최동원 선수의 경우 그가 엄청난 성적을 보여주었던 기간은 1984년부터 1987년까지 겨우 4년에 불과하다.

예외적으로 호날두라든가 메시와 같은 선수들도 있다. 호날두의 경우 2006년부터 최고의 스타가 되어 지금까지 최고의 자리를 유지하고 있으니, 매우 예외적이다(이제 내년(2021년)이면 사실상 전성기의 마감을 알리게 될 것이다). 더불어서 얼마 전 타계한 디에고 마라도나의 경우 역시 빛나는 시절은 15년이었다.

예를 하나 더 들면 19세기 초반 전 유럽을 진동시키면서 위세를 천하에 떨치던 나폴레옹의 영화의 시기 역시 이탈리아 원정을 떠났던 1796년부터 1812년 러시아 원정에서 패배할 때까지 16년의 기간이었다.

사람만이 아니라 나라나 기업 또한 마찬가지이다.

1990년 당시 이라크 전쟁에서 압도적으로 승리한 미국은 명실 공히 글로벌 리더이자 최강국이었다. 이를 시샘한 유럽 국가들은 그런 미국을 두고 '일방주의'라고 하면서 비방했다. 그런 미국이 18년이 지나 2008년 금융위기에 처하면서 많이 초라해지고 말았다.

일본 역시 1972년 무렵부터 그간의 베트남전 특수에 힘입어 그야말로 승승장구하기 시작했다. 1973년엔 미국 자동차 시장에서 유럽 기업들을 제치고 시장점유율 1위를 차지했다. 이에 한때는 일본이 미국을 능가해서 글로벌 최강 경제 대국이 될 거란 예상을 했다. 하지만 일본은 1990년 말 거품 붕괴로 지금까지 전혀 맥을 못 추고 있다.

현재 중국이 코로나19 이후 조만간 경제 규모에서 미국을 제칠 거란 예상도 있다. 하지만 그 또한 그렇지가 않을 것이니 내년이나 내후년쯤 되면 중국 경제는 급속도로 후퇴하기 시작할 것이다.

그런 면에서 우리 대한민국 경제도 예외가 아니다. 1997년 외환위기 이후 급속도로 되살아난 우리 경제 역시 2012년부터 부진의 늪에 빠져들면서 지금은 성장률이나 경기 면에서 금리인하와 재정 부양 없이는 유지가 어려울 정도로 침체하고 있다.

누구든 한 계절 동안 영화의 시기를 보낸다

어떤 사람이든 운세 순환 60년에 있어서 15년, 즉 한 계절 동안 영화의 시기를 보낸다. 그 이전은 상승 발전하는 15년의 기간이고, 영화의 시절 이후 15년은 매너리즘과 쇠락해가는 15년이며, 나머지 15년은 부진하고 때론 굴욕을 겪는 15년으로 채워진다.

누구나 한때 한 계절 동안 빛난다. 반대로 말하면 누구나 한 계절 동안은 빛이 바래고 누추한 세월을 보내기 마련이다. 이런 면에서 운은 누구에게나 공평하고 공정하다.

다만 타고난 자질과 능력의 차이가 있으니 이를 명(命)이라 하는 바, 실은 이게 약간은 문제가 된다. 가령 어떤 이는 지금이 자신의 영화의 시절이건만, 주변이나 아니면 대단한 성취를 이룩한 사람을 보면서 나도 저 정도까진 되어야지 하는 마음에 무리를 하다 보면 이것이 쇠락의 계기가 된다. 분수(分數), 즉 주어진 몫을 넘어서 무리하고 탐한 것이다. 운은 공평(公平)하지만 명, 즉 능력의 차이는 절대 평등(平等)하지 않다. 개개인에 따라 엄청난 차이가 있다.

오늘 글은 시로 시작되었으니 시로 마무리하고자 한다. 내가 젊은 시절부터 대단히 애호하고 지금도 암송하는 시이다. 앙드레 모로아가 쓴 《사랑의 풍토》란 소설 속 여주인공이 노래하는 시이다.

From too much love of living,

From hope and fear set free,

We thank, with brief thanksgiving.

Whatever Gods may be,

That no life lives forever,

That dead man rise up never,

That even the weariest river

Winds somewhere safe to sea.

너무 강한 삶에의 애착과

희망과 두려움으로부터 벗어나와,

우리는 신들에게 짤막한 감사기도 드리노니,

그 신들이 어떤 신이든 상관이 없으니,

어떠한 삶도 영원히 살지 못하고,

죽은 자 다시 일어나지 못하며,

가장 느린 냇물일지라도

마침내 바다에 이르게 될지니.

chapter 6

누가 인생의 승자인가

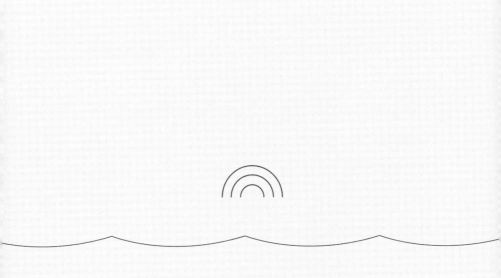

"먼 곳에 이르려면 가까운 곳에서부터 출발해야 하고,
높은 곳에 오르려면 낮은 곳에서부터 출발해야 한다."

- 〈중용〉

높은 산에 오르면 보이는 것들

높은 곳에 오르면 절로 왜소함을 알게 된다

등고자비(登高自卑)란 말이 있다. 유교 경전인 《中庸(중용)》의 "먼 곳에 이르려면 가까운 곳에서부터 출발해야 하고, 높은 곳에 오르려면 낮은 곳에서부터 출발해야 한다(譬如行遠必自邇, 譬如登高必自卑)"에서 나온 말이다. 때로는 "지위가 높아질수록 스스로를 낮추어야 한다"는 처세(處世)의 말로 쓰기도 한다.

그런데 오늘은 "높은 곳에 오르면 몸을 낮추어야 한다"는 당위(當爲)의 말이 아닌, "높은 곳에 오르면 절로 자신의 왜소함을 알게 된다"는 뜻으로 이해해보고자 한다.

긴 인생 살다 보면 알게 되는 것들이 참 많다. 그냥 아는 것이 아니라, 진실로 그러함을 이해하고 체득하게 되는 것들이 많다는 말이다.

높은 산에 오르면 시야가 완전히 달라진다. 낮은 땅에서는 볼 수 없던 것들이 눈에 들어온다. 하늘은 더 높아지고, 땅은 더 넓어진다. 건너편 산은 물론이고 더 멀리 더 많은 산들의 능선과 봉우리까지 눈에 들어온다.

낮은 곳에 있는 것들이 일목요연하게 눈에 들어온다. 낮은 곳에선 드넓어 보이던 숲도 넓은 땅에 비하면 그다지 넓지 않다는 것도 알게 되고, 눈앞을 흘러가던 강이 끝도 없이 길게 이어지고 있다는 것을 알게 된다. 마을을 내려다 볼 것 같으면 2층 건물이나 10층 건물이나 다 그만그만하다는 것도 알 수 있다.

그러면서 알게 된다. 우리가 평소에 지내는 낮은 땅에서는 차이가 크게 느껴지는 것들이, 높은 곳에서 보면 차이가 거의 없거나 미미하다는 사실을. 달리 말하면 '땅 아래의 모든 사물은 높은 산과 거대한 산, 장대한 하늘에 비하면 그저 도토리 키 재기에 불과하다'는 것을 알게 된다.

사물의 일제(一齊)함을 보게 되고 알게 되는 것이다. 그러면서 동시에 알게 된다. 자신은 이 크고 넓은 세상에 비하면 사실 아무 것도 아니란 사실을. 있어도 그만이고 없어도 그만인 존재란 사실까지 알게 된다. 즉 자비(自卑)함을 깨닫게 된다. 나아가서 지위가 높다 해도, 돈이 많다 해도, 얼굴이 잘났다 해도 세상의 거대함과 유구함 앞에서는 아무것도 아니란 것을 알게 된다.

자기 자신을 포함해서 모든 사람, 모든 사물이 다 미미하고 왜소하고 평등하다는 사실을 알고 나면 얻게 되는 것이 있는데, 바로 어떤 통쾌함과 호쾌한 마음이다.

좀 잘 살아보고자 또는 좀 앞서가고자 아등바등 기를 썼던 것이 별 것이 아니라는 사실, 뒤처진다 싶어서 가졌던 열등감이나 자괴(自愧)의 심정 또한 전혀 그럴 일이 아니라는 사실, 내 눈에 참으로 한심하고 찌질해서 무시하던 마음 또한 실은 나의 찌질함이라는 사실을 알고 나면, 그로써 시원해지고 통쾌해지며 이윽고 어떤 자유를 얻게 된다. 편해진다.

'어쩌다 한번 태어나 살아보고 살아가는 인생, 주어진 시간 동안 재미나게 놀다가야지' 하는 마음을 가졌다면 그건 장자(莊子) 〈소요유(逍遙遊)〉의 경지이고, 만물이 실은 일제(一齊)하고 평등하다는 것을 보았다면 그건 장자 〈제물론(齊物論)〉의 경지이다.

높은 곳에 오르면 억지로 자신을 낮출 것도 없이, 절로 낮아진다. 잘 난 내가 없으니 굳이 겸손을 떨고 그다지 사양할 나도 없다. 잠시 어쩌다가 그 지위에 있게 되었다고 여기면 그만이다.

강원도 어느 시골길에서

이제 운명이란 것이 무엇이고 어떤 것인지
제법 알 만큼 알게 되었다.
사람이란 운명의 곡선 위 어느 곳에 있느냐에 따라
위상이 달라질 뿐이란 것을 알게 되었다.
원운동은 돌아오는 것이니,
운 또한 돌아오는 것에 지나지 않는다는 것도 알게 되었다.

자비의 눈은 객관의 눈이자 주관의 눈이기도 하다

사물을 이렇게 볼 수 있다면 비로소 객관(客官)의 눈을 가지게 되었다고 말할 수 있겠다. 그렇다고 주관의 마음이 없다는 것도 아니다. 각자는 작은 소우주(小宇宙)란 말이 있으니 말이다.

내가 없으면 세상도 없고 우주도 없으니 나야말로 귀한 존재란 말도 틀린 말이 아니다. 세상에서 가장 소중한 존재는 바로 나 자신이라는 생각, 절대 틀린 말이 아니다.

그럼 '만물이 미미하고 평등하며 일제하다는 객관의 생각과 나야말로 더 없이 소중하다는 주관의 생각은 충돌하는가?' 하는 문제가 제기된다.

충돌할 것도 같지만 전혀 충돌하거나 모순되지 않는다. 각자가 소중한 만큼이나 타자도 소중하다고 알면 된다. 세상에 존재하는 모든 생명이 소중하고 귀하다고 알면 된다. 크게 눈을 뜨고 보면 모든 생명은 저마다 존재하고 살아가기 위해서 엄청난 투쟁을 하고 있다. 다른 생명을 잡아먹기도 하고 잡아먹히기도 한다.

그렇기에 이 세상은 고통으로 가득하고 슬픔으로 가득하다. 삶은 고해(苦海), 즉 고통의 바다인 것이 맞다. 이에 그 고통과 슬픔을 직시하면서 애처롭게 바라보는 눈이 있으니, 그를 자비(慈悲)의 마음이라 한다. 자비심(慈悲心)이 그것이다. 동시에 사랑의 마음이다.

이런 자비의 눈은 객관의 눈이자 주관의 눈이기도 하다. 동시에 자비의 눈은 바깥으로만 향하지 않는다. 바깥에 있는 다른 존재들과 생명들도 애처롭지만, 나 스스로도 애처롭다. 우리 모두 살아보려고 그 얼마나 애를 쓰고 참고 견디고 있는가.

이 또한 높은 곳에 오르면 보게 되고 알게 된다. 너른 세상이 온통 고통으로 신음하고 있다는 것을 말이다.

객관의 눈에서 만물이 다 거기에서 거기란 사실, 일제하고 평등하다는 사실을 알면 속이 통쾌하고 시원해진다. 호상(豪爽)해지니 장자(莊子)가 일러준 가르침이다. 각자가 하나의 소우주란 점은 동서양의 공통된 지혜로서, 주관의 눈이다. 또 하나 만물이 그리고 모든 생명이 고생하고 있다는 것을 알면 애처롭고 측은하니, 자비의 눈이고 사랑의 마음이다.

높은 곳에 오르면 이 세 가지를 동시에 받아들일 수 있고, 그 세 가지 생각과 마음이 서로 충돌하거나 모순되지 않는다는 것을 알게 된다.

사람은 태어나서 몇 년이 지나면 자신의 존재를 알게 된다. 자아(自我)를 알게 되면서 자신의 존재 증명, 즉 세상에 있어야 할 근거와 타당성을 찾느라 애를 쓴다. 그게 좀 부족하다 싶으면 열등감에 괴로워하기도 하고, 좀 잘 된다 싶으면 자만감에 우쭐댄다. 그렇게 열등감과 자만감 사이를 오가면서 수십 년을 살아간다.

그러다가 어느 날 인생의 연륜이 쌓이면 문득 알게 된다. 앞에서 말한 것들을. 그건 인생이란 높은 산에 올랐기 때문이라 해도 무방하다.

'운명이란 것이 과연 있는가?'라는 궁금증에서 비롯된 나의 긴 여행이 시작된 것이 1971년이니 이제 근 50년에 이르고 있다. 길고 긴 여정이었다.

이제 운명이란 것이 무엇이고 어떤 것인지 제법 알 만큼 알게 되었다. 사람이란 운명의 곡선 위 어느 곳에 있느냐에 따라 위상이 달라질 뿐이란 것을 알게 되었다. 원운동은 돌아오는 것이니, 운 또한 돌아오는 것에 지나지 않는다는 것도 알게 되었다.

고통의 50가지 그림자

〈그레이의 50가지 그림자〉란 제목의 영화가 있다. 보지는 않았지만 제목이 인상적이다. 원 제목이 〈Fifty Shades of Grey〉인데, 사실 그림자 색이 바로 그레이, 동격이다. 그레이는 회색 또는 잿빛인데 이 색을 짙게 하면 검정이 되고 검정을 묽게 하면 그레이가 된다.

소설이 원작이라 하는데 아마도 작가는 그림에 대한 경험이 있으리라 싶다. 그림 그릴 때 가장 중요한 기법 중에 하나가 그레이를 만들어내는 일이다. 빨강, 노랑, 파랑을 섞으면 검정 또는 그레이가 되지만, 그런 식으로 그레이를 만드는 화가는 없다.

그림에서 그레이를 만드는 방법은 정말 무수히 많다. 차가운 그레이를 만들 수도 있고, 따뜻한 그레이를 만들 수도 있다. 초록빛이 감도는 그레이를 만들 수도 있고, 은은한 남보라의 그레이를 만들 수도 있다. 능숙한 화가는 자신만의 멋진 그레이를 만들어 적절한 장소에 가져다 놓는다. 따라서 그레이는 50가지만 있는 것이 아니라 셀 수 없을 정도로 무수히 많다.

고생과 고통에는 억만의 색과 맛이 있다

지금 그레이에 대해 얘기하려는 것이 아니다. 〈그레이의 50가지 그림자〉란 제목이 '삶의 고통과 고생에도 억만(億萬)의 색깔과 맛이 있다'는 생각으로 이어졌고, 그래서 오늘은 '고통과 고생의 맛'에 관한 얘기를 해보려 한다. '고생과 고통에는 억만의 색과 맛이 있다'는 그냥 생각이 아니라, 상담을 하다 보면 늘 듣고 겪는 일이다.

사람이 이 세상에 태어난 이상 힘들고 고단한 것은 피할 수 없는 일이어서, 우리 주변과 배경에는 늘 그레이가 감돈다. 힘들다는 것은 무언가를 추구하고 노력하고 있다는 말이기도 하다. 따라서 노력하는 자는 힘이 든다.

힘든 것 혹은 고단한 것 역시 참으로 가지가지이다. 고통의 빛과 색이 억만이 된다는 말을 하는 것도 그래서이다.

일이 잘되고 있을 때도 힘이 든다. 다만 신명이 나는 바람에 힘든 것을 느끼지 못할 뿐이다. 그런가 하면 이도 저도 다 어려워 그냥 다 내려놓고 싶을 때도 있으니, 그땐 정말 힘이 든다.

살다 보면 힘들어서 '부도 명예도 다 싫고 그냥 밥 먹을 수 있고 잠만 편히 잘 수 있다면 더 이상 소원이 없겠다' 싶은 심정이 들 때가 있다. 그런가 하면 늘 마음 편할 날이 없으니, "이거야 원 쯧쯧!" 하면서 혀를 찰 때도 있다.

세상에 쉬운 것이 없으니 약간 힘들기는 해도 하는 일이 그럭저럭 풀려나가고 있다면 몸속에서 기분 좋게 하는 호르몬이 분비되니, 그 바람에 힘차고 의욕적으로 살아갈 수 있다. 하지만 그런 세월은 전체 삶의 도정에서 그렇게 많지도 길지도 않다.

깊게 고민할 필요 없이 '그저 열심히만 하면 된다' 싶은 생각이 든다면, 지금 당신은 인생의 최고 전성기를 누리고 있음이 확실하다. 당장 가진 것 그리고 이룬 것이 크지 않다고 해도 그런 심정이 드는 때가 최고의 시절이란 얘기이다. 그게 바로 신이 나는 시절이다.

힘들 긴 하지만 신이 나고 흥이 나는 바람에 그것을 잊거나 견딜 수 있는 시절이 바로 호시절이다. 그런데 그런 호시절이 우리의 삶에 있어 과연 얼마나 될까?

삶은 고단한 여정이어서

사람의 상황은 운의 변화에 따라 바뀌어 가는데, 그 운은 크게 보면 60년을 하나의 마디로 해서 움직인다. 그 60년의 순환 속에서 나름 흥겨운 시절은 불과 10년이다.

나머지 50년의 기간은 신이 날 때도 있지만 걱정 또한 부단히 이어지고 생겨난다. 뿐만 아니라 그중 10년은 흥이 나는 일은 전혀 없고 대부분 인고(忍苦)의 세월로 채워진다. 60년 중에서 힘들지만 흥겨운 세월이 10년이고, 오로지 힘들기만 한 세월이 10년이란 얘기이다. 나머지 40년은 무수히 다양한 맛과 색깔의 고통이 따르지만, 그런대로 견딜 만한 시간들로 채워진다.

그렇기에 세상에 발을 들여놓은 이상 우리는 무거운 짐을 지고 먼 길을 가야 한다. 삶은 고단한 여정이어서 늘 근심 걱정에서 벗어날 수가 없다.

특히 우리 사회와 같이 치열하게 경쟁해야 하는 사회는 정말로 고달프다. 1980년대엔 1인당 GDP가 1만 달러를 넘어서기만 하면 모두가 잘살고 안락한 세월이 올 줄로 믿었다. 그러다 2017년에는 1인당 GDP가 3만 달러를 넘어섰고, 구매력 평가에 따른 실질 GDP는 4만 달러라고 미국 CIA가 발표한 자료는 말하고 있다. 우리나라는 1인당 평균소득이 무려 4만 달러를 넘어서는 부유한 나라인 셈이다. 놀랄 일이 아닐 수 없다. 그런데 그게 실감이 가는가? 지금의 우리 사회는 참으로 어렵기만 한데 말이다.

그러니 이제 1인당 GDP는 큰 의미가 없다고 해도 말이 된다. 그렇다면 '문제는 소득의 분배에 있는 것일까?' 하는 질문을 할 수 있겠다. 소득 분배가 잘 되는 것이 결코 쉬운 일은 아니겠지만, 설령 그렇다 해도(소득 분배가 잘 된다 해도) 우리 사회가 주는 엄청난 압력이 쉽사리 해소될 것 같지는 않다.

다시 돌아가자. 오늘의 얘기는 소득의 액수에 관한 것이 아니고 삶의 고단함에 관한 것이니 말이다. 다시 얘기하지만 삶이 고단한 것은 우리가 무언가를 추구하고 또 노력하지 않으면 안 되기 때문이다.

누군가는 시간당 1만 원을 벌고 또 누군가는 시간당 1백만 원을 벌고 있겠지만, 둘 다 힘들기는 마찬가지다. 소득의 액수는 삶의 고단함에서 그다지 중요하지가 않다. 돈 외에도 각종 질병, 대인관계의 어려움, 권력과 명예의 문제, 애정의 문제, 욕정의 문제, 욕망의 문제 등등 실로 무수한 것들이 우리를 힘들게 한다.

스님들은 법문에서 욕망과 욕심을 줄이고 가지를 치고 또 내려놓으라고 하지만, 그게 쉬운 일도 아니다. 어떤 목표나 바람이 가능해 보인다면, 그것을 성취하기 위한 노력을 그만둘 이유가 사실 없다.

그런 까닭에 이런 생각을 하며 지내게 된다. '노력하는 일, 욕심내는 일을 그만두지 말자. 그에 따라 힘들고 고단한 것 또한 주어진 숙명이거니 하고 받아들이자'는 생각이다. 고통에도 억만의 색과

늦가을 강변에서

사람이 이 세상에 태어난 이상
힘들고 고단한 것은 피할 수 없는 일이어서,
우리 주변과 배경에는 늘 그레이가 감돈다.
힘들다는 것은 무언가를 추구하고 노력하고 있다는 말이기도 하다.
따라서 노력하는 자는 힘이 든다.

맛이 있으니 그 모든 맛을 골고루 맛보고 눈으로 확인해보자는 생각이다.

무념무상의 경지로 들기 위해 잡념을 물리치려 해도 부단히 순간순간 잡념이 치고 드니, 아예 그냥 내버려두면 어느 순간 무념의 단계로 접어들 수 있다는 생각이다.

상담을 하다 보면 "아, 그때가 좋은 세월이었다니 원 참. 그 시절 제법 좋은 일도 있었지만 그래도 엄청 고생했던 기억이 더 많은데요" 하는 얘기를 많이 듣는다.

"많이 벌기도 벌었지만 쉽게 번 것도 아니었고, 게다가 이리저리 쓰고 까먹기도 해서 모아놓은 것도 얼마 없는데, 이제 저의 좋은 시절이 다 지나갔다니요" 하는 얘기도 많이 듣게 된다.

재산의 축적은 많이 벌고 적게 벌고의 문제가 아니라, 그 사람의 성향과 더 연관이 많다. 적게 벌어도 돈을 모으는 사람이 있는가 하면, 많이 벌어도 버는 족족 써버려서 돈을 모으지 못하는 사람도 있다.

어쨌든 재산을 모은 사람이나 그렇지 못한 사람이나 모두 살아온 과정은 힘들다는 것이다. 재산의 많고 적음과 관계없이 삶은 고단하고 힘들다.

오히려 삶은 그런 무수한 고통으로 이어져가는, 억만(億萬)의 색깔과 맛이 있는 고통으로 이어져가는 시간의 연속이다. 그렇기에 다른 누군가의 삶을 부러워할 이유가 전혀 없다. 그냥 당신은 당신의 삶을 사는 것이고, 나름대로 최선을 다해 잘 살고자 노력하는 것일 뿐이고, 타고난 성품대로 살아가는 것뿐이다.

작업실 창 아래 목련 몽오리가 아주 실해졌다. 이제 보름 정도 지나면 하얀 꽃을 피워낼 것이다. 푸른 하늘을 배경으로 희게 빛나는 목련꽃을 볼 생각을 하니 기분이 좋아진다.

부자가 되는 운명은 따로 있다

먹고 살기 위한 노력만큼 진지한 것은 없다

포털에 보니 "이제 사치 부리고 살기로 했다"는 배우 윤여정의 기사가 눈에 들어왔다. 이분의 운명 순환을 알고 있기에 고개를 끄덕이게 된다. 이제 그렇게 생각해도 될 만할 때가 됐지 싶다.

물론 저 말은 '그간에 고생 참 많이 했으니 이젠 좀 여유를 갖고 싶다'는 뜻이다. 1947년생이니 올해로 일흔넷이 되었다. 노후를 풍요롭게 살다 갈 것이다. 그러니 사치 좀 부려도 아무런 문제가 없다. 윤여정 씨는 2016년이 60년 순환에 있어 입추(立秋)의 운이었기에, 앞으로도 큰 부자는 아니라도 충분히 여유를 누릴 것이다.

232

이분의 인생 바닥의 운세, 즉 입춘(立春)의 운은 1986년이었다. 그 11년 전인 1975년 인기가 한참일 때 결혼한 후 미국으로 이민을 갔는데, 그게 내리막의 출발점이었다. 1987년에 이혼을 하고, 연예계로 복귀했다.

연예계 복귀는 생계를 위해서였다. 먹고 살기 위해 그리고 아이들을 부양하기 위해서였다. 내색은 별로 하지 않았겠지만 정말이지 필사적으로 연기 생활을 이어갔을 것이고, 그런 과정에서 연기력이 더욱 발전하고 성숙해졌을 것은 당연하다. 먹고 살기 위한 노력만큼 진지한 것은 세상에 없다.

1986년 만 39세의 나이에 바닥을 찍고, 다시 오랜 시간에 걸쳐 재기해서 지금 다시 좋은 세월을 맞이하고 있는 윤여정 선생이다. 지금이야말로 배우 윤여정의 진정한 전성기가 시작되고 있다고 봐도 무방하다.

부자가 되는 운명

오늘은 부자가 되는 운명에 대해 얘기해보고자 한다. 부자가 될 사람은 세 가지 조건이 맞아야 한다.

첫째, 우선 어떤 특별한 재능을 타고나야 한다.

둘째, 60년 순환에 있어 가장 풍요로운 운을 60세 전후에 맞이해야 한다.

셋째, 본인의 운명만이 아니라 시대의 흐름, 즉 시운(時運)과도 맞아야 한다.

이를 삼재(三才), 즉 천지인(天地人)으로 설명하면 첫째가 사람[人]이고, 둘째가 땅[地]이며, 셋째는 하늘[天]이다.

시대의 흐름과 맞아야 한다

이 세 가지 조건 중에서 가장 큰 비중을 차지하는 것은 역시 하늘의 작용이다. 하늘의 운, 즉 천운(天運)을 타고 나야만 큰 부자가될 수 있다. 본인의 명이나 운과는 상관이 없으며 그야말로 시대가베풀어주는 운에 해당한다. 시운은 그 사람이 살고 있는 나라나사회의 장기 흐름 또는 운세 변화라고 봐도 무방하다.

예를 들자면 지금 우리 대한민국의 국운은 2024년 바닥을 향해맹렬히 내리막길을 타고 있기에 큰 부자가 새롭게 등장하기 어렵다. 이미 모든 것이 철저하게 틀이 지워져 있기에 새로운 기회가 생겨나지 않는다. 그렇기에 이런 흐름에선 신흥 재벌이나 큰 부자가등장할 수가 없다.

큰 재벌이나 부호의 경우 60년 흐름만이 아니라 국운의 360년에 걸친 장기 흐름 역시 대단히 중요하다. 나라가 한창 뻗어갈 때 그런 부호나 재벌이 등장하기 때문이다. 가령 미국의 국력이 바야흐로 펼쳐갈 무렵인 1800년대 후반에 록펠러와 카네기가 등장할 수 있었다.

그렇기에 우리 역시 앞으로 100년 정도는 정주영이나 이건희와 같은 거물, 본인 스스로 재벌이 되었을 뿐 아니라 끊임없이 일자리를 창출함으로써 수많은 사람들을 먹고 살게 할 거물 기업가는 등장하지 못할 거란 얘기이다.

가장 풍요로운 운을 60세 전후에 맞이해야 한다

물론 시대의 운, 즉 천운(天運)을 만나지 않아도 일반적인 큰 부자라든가 알부자 정도는 앞의 두 가지 조건을 충족할 경우 충분히 가능하다.

3가지 조건 중에서 두 번째 조건인 '60세 전후에 가장 풍요로운 운을 맞이한다는 것'은, 그와 반대로 30세 전후한 무렵에 운이 바닥을 친다는 얘기이기도 하다. 60년 흐름이기에 30년의 전과 후는 반대의 운이 되는 까닭이다. 앞서의 윤여정 씨의 경우도 거의 비슷하다.

30세 전후해서 최악의 시기가 된다는 것은 가령 학업이 순탄치 않거나 아니면 그 무렵에 몸이 아파서 고생하거나 하는 일이 있다는 말이다. 대개 이럴 경우 주변 사람들은 그 친구의 미래를 회의적으로 보겠지만, 실은 바로 그런 때를 그 무렵에 겪은 사람들이

60세 전후해서 최고의 호운을 맞이하게 된다.

이 경우 40대 중반부터 발전하기 시작해서 60대에 오히려 더 힘을 내고 빛을 보게 되며, 그로써 죽는 날까지 부자로 잘 살아가게 되는 것이다. "끝이 좋아야 다 좋은 법"이란 말이 이런 경우이다.

그렇다면 '60년 운세 순환에서 가장 풍요로운 운을 60세 전후에 맞이해야 한다'는 조건에 해당하지 않을 경우는 어떨까. 이런 경우는 한때 부자가 될 순 있지만 죽는 날까지 부자로 남기는 어렵다.

가령 40대에 큰 부자가 되었다고 한다면, 여전히 기력이 왕성한 탓에 세월이 흘러가는 사이에 자칫 과욕을 부려 몰락하는 예가 적지 않다. 조심스런 성격 또는 보수적인 성향이라면 그런대로 끝까지 크게 실수하지 않고 부를 지켜나가겠지만, 그렇지 않을 경우 한 방에 몰락하는 경우도 흔히 본다. 또 보고 있다.

최근 내가 흥미롭게 추이를 지켜보는 기업가 중에 아마존의 제프 베조스가 있다. 현 시점에서는 세계에서 가장 돈이 많은 부호이지만 과연 저 양반이 장차 10년 사이에 여전히 부호로 남아있을 것인지 상당한 관심을 갖고 지켜보고 있다. 다름이 아니라 그는 올해 2020년이 입춘 바닥인 까닭이다. 워낙 냉정한 성격이기에 가능할 것도 같지만 성격적으로 콤플렉스도 많아서 패착을 범할 가능성도 대단히 높다.

노랗게 물든 은행나무 사이로

첫째, 우선 어떤 특별한 재능을 타고나야 한다.
둘째, 60년 순환에 있어 가장 풍요로운 운을
60세 전후에 맞이해야 한다.
셋째, 본인의 운명만이 아니라 시대의 흐름,
즉 시운(時運)과도 맞아야 한다.

특별한 재능이 있어야 한다

마지막으로 첫째 조건, 즉 나름의 특별한 재능을 가진 자는 살아가면서 한 번은 부자 소리를 듣게 된다. 게다가 요즘 세상은 예전에 비해 재능을 살릴 기회가 많아졌기에, 재능만 있다면 반드시 언젠가는 한 번 빛을 보기 마련이다.

특별한 재능이 없다 해도 나름 운세가 풍요로운 때를 만나면 부동산 하나 잘 잡는 바람에 부자 소리를 듣게 되기도 한다.

그런데 재능이 있어서 한 번 반짝 하는 세월을 만났건만 이를 끝까지 유지하지 못하는 것은, 재능 못지않게 다른 약점이나 문제점이 있기 때문이다. 이런 마당에 운이 내리막으로 들어서면 부를 유지하기 어렵다.

부자가 되는 사람과 그 운명에 대해선 그간 무수히 많은 사례 연구와 실제 상담을 통해 겪어 보았기에 익히 잘 알고 있다. 하지만 부자가 된다고 해서 꼭 행복한 것은 아니라는 점을 밝혀두면서 글을 맺는다.

세월은 그냥 흐르지 않는다

오는 월요일이 입동(立冬)이다. 겨울의 기운이 들어선다는 말이다.
한 해의 경영은 10월 23일경의 상강(霜降)에 거둬들이기 시작한
다. 물론 이는 농사에만 해당하는 일이 아니다. 사람의 일과 기업
의 활동도 해마다 상강이 되면 가을걷이에 들어간다. 그러고 한 달
이 지나 11월 22일경의 소설(小雪)에 모든 집계가 완료된다.

다시 말하지만, 이는 농사에서만 그런 것이 아니라 모든 경영 활
동에서 그렇다. 4월에 씨를 뿌리고, 거두는 것은 10월이고, 11월의
소설에 최종 성적표가 나오는 것이다. 성적표가 나오면 그것에 기
초해서 우리는 반성도 하고, 되살펴 보기도 하며, 부족한 것이 있
으면 세밑까지 보충하고자 노력한다. 하지만 크게 볼 때 한 해의 경

영은 소설로써 마무리된다.

세월은 그냥 흐르지 않는다

당신이 지금 하고 있는 일 또한 그것이 무엇이든 간에 그냥 무의미하게 하루하루를 보낸 것은 아니다. 또 그것이 뚜렷하지 않을지라도 한 해를 경영해온 것은 사실이며, 비록 호구지책으로 아르바이트를 한다 해도 그 또한 한 해의 경영에 해당한다는 말이다.

세월은 그냥 흐르는 것이 아니다. 그 어떤 세월이나 시간도 당신의 삶에 어떤 의미가 있다. 물론 그 의미가 별 것 아닌 것처럼 느껴질 수도 있겠다. 하지만 그것이 한 해 한 해 지나가면서 쌓이다 보면 그것들이 커지고 뭉쳐서 어느 날 문득 당신의 가슴 속에 커다란 울림으로 살아날 것이다.

어린 시절 부모 밑에서 유복하게 자라는 아이들은 그야말로 아무것도 모른다. 어쩌면 그 아무것도 모르고 지내던 그 시간과 세월이야말로 삶에 있어 더없이 행복한 시절일 수도 있겠다.

하지만 나이가 들고 우리의 삶이 유한(有限)하다는 것을 느끼기 시작하면서 한 해의 세월이 그냥 지나가는 것이 아니라 어떤 의미가 있다는 것, 또 흘러간 세월은 돌이킬 수 없다는 것을 조금씩 알게 된다.

그리하여 지나간 세월의 무게를 확연히 느낄 무렵이면 당신은 어언 나이 오십 줄을 넘어서 있을 것이다. 따라서 연륜(年輪)이란 말은 나이 오십을 넘어선 사람에게서만 느껴지는 아주 특이한 느낌이다.

왜 '특이한 느낌'이라 말하는가 하면 그것은 그 사람의 등 뒤로 언뜻언뜻 죽음의 그림자가 비치기 때문일 것이다. 삶이 영원하지 않다는 것을 느낀다는 것은 죽음이 이제 남의 일이 아님을 느끼기 시작했다는 말과 같은 말이다.

죽을병에 걸린 것은 아닐지라도 죽음을 이따금씩 의식하며 살아가는 나이가 되면, 한 해를 맞이하고 또 한 해를 보내는 일에 무심한 마음으로 지내지 않게 된다는 얘기이다.

어떤 이가 내게 털어놓은 적이 있다. "참 헛된 세월 보냈다"라고 하면서 말이다. 이에 나는 "헛되다고 느낀 세월이 과연 정말로 헛되기만 한 것일까요?" 하고 반문했다. 한 번은 어떤 이가 술자리에서 조금은 처연한 표정으로 "흘러가기만 하는 세월 아니겠습니까?"라고 말하며 나에게 잔을 권한 적이 있다. 이에 나 또한 취기를 섞어서 답했다, "다 흘러가고 마는 것만으로 치부한다면 우리는 과연 그 어떤 것에서 그나마 건질 것이 있겠냐"고.

지나간 세월이 헛되다 느꼈다면 이제부터라도 헛되지 않게 살아야 할 것이고, 헛된 것으로 치부한 세월 또한 취할 바가 없는 것도 아니다. 그저 시간이 강물처럼 흘러가기만 한다고 여긴다면 그 안에서 건질 건더기가 있기는 하겠는가.

　세상 살다보면 특별하게 신나고 재미있는 날, 이거야말로 뜻깊다 싶은 날은 며칠 없다. 빛나는 승리의 순간도 얼마 되지 않는다. 대부분의 세월은 하고픈 일을 하기보다는 내키지 않아도 밥 벌어먹기 위한 시간들로 채워진다. 다시 말해서 생업(生業)이란 것에 시간 다 들어간다.
　그렇기에 순간순간이 구차(苟且)하게 느껴질 때가 많은 우리의 삶이다. 또 그렇기에 삶이란 구차하고 너저분한 것이며 그러다가 늙고 병들어 죽을 때가 되면, 그 어떤 천하 미인도 자취를 찾아볼 수 없다.
　하지만 생각해볼 일이다. 우리의 삶이 그저 다 흘러가버리고 다 헛되기만 한 것인가를. 달리 용빼는 재주가 있다거나 뾰족한 수를 낼 도리가 없어 별무신통한 우리의 삶인 것을 인정한다면, 그나마 그것으로부터 의미를 부여하고 어떤 쓸 만한 건더기를 건져낼 방법을 생각해볼 필요가 있다는 말이다.
　어떤 물건을 오래 써서 낡고 남루하고 누추해 보여도 잘 살펴보면 재활용 가능한 무엇을 찾아낼 수 있듯, 우리 모두 미래의 아름다운 꿈만을 꾸면서 오늘의 시간을 '의미 없다', '헛되다' 여기면서 마냥 보내고 있을 일은 아니라는 것이다.

아침의 해변

세월은 그냥 흐르는 것이 아니다.
그 어떤 세월이나 시간도 당신의 삶에 어떤 의미가 있다.
물론 그 의미가 별 것 아닌 것처럼 느껴질 수도 있겠다.
하지만 그것이 한 해 한 해 지나가면서 쌓이다 보면
그것들이 커지고 뭉쳐서 어느 날 문득
당신의 가슴 속에 커다란 울림으로 살아날 것이다.

어떤 글에서 보니 "사람의 삼분의 일 정도는 자신이 훗날 부자가 될 것이라는 꿈과 기대를 안고 살아간다"고 한다. 물론 좋은 일이긴 하지만 좋은 날이 미래에 있을 거란 기대가 있다 해서 눈앞의 시간을 의미도 없고 흘러가기만 하는 것이라 치부하기엔 좀 억울하지 않을까, 하는 생각이다.

이런 생각을 한다. 지금의 삶이 남루하고 구차하다면 미래의 삶 또한 그럴 것이란 생각. 설령 나중에 부자가 된다 해도 역시 남루하고 구차할 것이란 생각도 한다. 돈 많이 벌었다 한들 다 늙고 나면 그 돈으로 쓸 데라곤 비싼 건강관리밖에 더하겠는가, 싶은 것이다.

아, 저 모든 것이 좋은 세월이었고 좋은 삶이었구나

내가 하고픈 말은 이렇다.

헛되다 싶은 것이 헛된 것이 아니며, 흘러가기만 하는 세월 또한 그 속에 내가 몸을 담고 있으니 그게 무의미한 일만은 아니라는 것이다.

책꽂이가 비좁아서 책을 버렸더니 나중에 다시 찾게 되고 심지어는 다시 사기도 하듯이, 당장은 헛되다 싶어도 나중에 보면 꼭 그렇지도 않음을 알게 되기도 한다는 말이다.

사람이 나이가 들면 어느덧 자신의 얼굴이 담긴 사진이 싫어진다. 그래서 찢어버리기도 하지만 어쩌다가 서랍 속에 남아 있다가 세월이 흘러 어느 날 다시 보니 반갑고 빛나는 한때의 모습이 거기에 오롯이 담겨있음을 발견하는 경우처럼 말이다.

내 작업실 서랍 속엔 마흔 초반에 찍은 사진이 두어 장 있다. 간직한 것이 아니라 버려지지 않았을 뿐이다. 하지만 몇 년 전부터는 소중하게 간직하고 있다. 예순 후반의 나이가 된 나에게 마흔 초반의 모습은 앳되기만 하다. 볼 때마다 '오! 그땐 괜찮았네' 하는 생각이 든다.

다시 말하자면 최근에 찍은 모든 사진은 마음에 들지 않지만 이상하게도 일정한 세월의 간격을 둔 예전의 모든 사진은 그런대로 괜찮게 느껴진다. 우리의 삶 또한 그런 것이 아닐까 싶다.

사람이 숨을 거둘 때가 되면 과거의 삶이 눈앞에 주마등처럼 스쳐 지나간다는 말을 들었는데, 어쩌면 그렇지 않을까 싶다. 지나온 모든 세월의 숱한 고비와 애환의 일들이 빠짐없이 내 눈앞에서 반짝반짝 빛나는 것은 아닐까. 아, 저 모든 것이 좋은 세월이었고 좋은 삶이었구나, 하면서 숨을 거두게 되는 것은 아닐까.

그래서 독자에게도 권한다. 올 한 해 4월에 어떤 씨를 뿌렸는지, 또 10월부터 어떤 수확을 거둬들이기 시작했는지 스스로에게 물어보기 바란다.

아마도 대부분의 독자는 "글쎄요?" 할 것 같다. 하지만 아닌 것 같이 보이는 것 속에서 의미 있는 것을 찾는 이 일은 우리가 어린 시절 즐겨했던 바로 그 보물찾기와도 같다.

선생님이 미리 바위틈에 숨겨둔 보물찾기가 아이들을 위한 것이라면, 헛된 것 같고 무의미하게 지나가는 세월인 양 싶은 세월 속에서 무언가를 찾아내는 보물찾기는 성인을 위한 놀이라는 생각이 드니 말이다.

힌트 하나 드린다. 거창한 것을 찾을 일 아니다. 삶은 거창하지 않기 때문이다. 소소한 것을 모아봐야 한다. 소소한 것이 모이다 보면 어느덧 거창해지지 않을까.

누가 인생의 승자인가

　살면서 성공했다는 말을 하게도 되고 듣기도 한다. 뿐만 아니라 우리 모두 누구나 삶에서 성공하고 싶어 한다. 그 바람에 이 세상은 치열한 경쟁 마당이다. 그런 까닭에 때때로 자문(自問)해본다. 아마도 누구나 이런 생각 혹은 질문을 해보게 될 것이다. 과연 '인생에서 성공한다는 것' 그리고 '승리한다는 것'이 무엇인지에 대해.

무엇이 성공이고 승리일까?

　생물학적 차원에서의 승자는 비교적 그 답이 어렵지 않다. 오래 살면서 자손을 많이 낳고 생존하게 한 자가 곧 승자다. 그다지 흥미롭지는 않지만 분명 그건 승자라고 말할 수 있다. 다만 생물학적 차원에서 그렇다는 얘기이다.

오늘날 사람들은 그런 방면, 즉 번식에 큰 관심이 없는 것 같다. 어쩌면 지나치게 번성한 인류인지라 향후 장기간 지구촌 인구수의 감소 조정 과정에 들어간 것은 아닌가, 하는 생각마저 든다.

오늘날 소위 선진국이란 나라의 사람들을 보면 아기를 낳고 기르는 것을 고가의 사치품을 갖는 정도로 부담스러워하는 것도 같다. 비혼족도 늘어나고 있고, 설령 결혼을 했다 해도 아기를 낳으면 자신의 삶이 질적 저하를 가져올 수도 있다는 두려움마저 갖는 세상이니 말이다.

그러니 '오래 살고 자손 번식'이 성공이라 해도 틀린 답은 아니지만 뭔가 부족하다는 생각이 든다. 다른 각도에서 좀 더 생각해 보는 게 좋겠다.

살다가 죽을 때 그리고 아직은 정신이 멀쩡할 때 되돌아보면서, 자신이 살아온 삶에 대해 그런대로 만족할 수 있고 또 고개를 끄덕일 수 있다면, 그게 성공이고 승자인 것이 아닐까?

부귀영화? 명예와 출세? 이런 요소들을 한때나마 누리고 갖추었다면 성공이 아닐까 싶기도 하다. 또 건강과 장수를 누렸다면 성공인 것도 같다. 하지만 삶이 꼭 그런 것만은 아닐 것이란 생각이

직관적으로 든다.

내가 그간 연구하고 또 상담하면서 확실하게 느끼고 알게 된 것은, 모든 것을 두루두루 다 갖추고 누린 사람은 존재하지 않는다는 사실이다. 이른바 오복(五福)을 갖춘다는 것은 무리란 얘기.

인간이란 존재는 참으로 복잡다단하다. 인간은 사회적 동물이기에 더더욱 그렇다. 남 보기에 평생 잘 살산 것 같은 사람도 속을 들여다보면, 전혀 다른 풍경이 펼쳐진다.

타고난 대로 생겨먹은 대로

내가 그간의 많은 사색과 상담 경험, 그리고 운명의 이치를 연구하면서 얻은 나름의 결론이 있다. 이제 그 결론을 얘기해보겠다.

타고난 대로 생겨먹은 대로 인생을 산 자가 승자가 아닐까, 하는 생각이다. 달리 말하면 스스로가 지닌 '어떤 중심(中心)'에서 삶을 이어오고 이어갔던 자가 승자란 생각이다.

이를 노골적으로 말하면 마음이 가는 쪽으로, 즉 끌리는 데로 살아오고 살아갔던 사람이라 하겠다. 이를 순화해서 말하면 모두가 바라고 모두가 좋다 하는 쪽이 아니라, 진심으로 본인이 바라고 본인이 좋다 싶은 방향으로 삶을 영위한 자라고도 하겠다.

우리는 타고난 적성(適性)이란 것이 있어서 그런 쪽으로 살아보고

시원한 바다 그리고 등대

그러니 타고난 성향대로 주어진 적성대로

마음이 가는 대로 목표를 정하고

그쪽에서 잘 되기 위해 기껏 노력해보고 도전해보는 것,

그게 바로 자신의 중심에서 사는 것이요,

그로써 결과에 상관없이 성공이고 승리한 인생이다.

싶어 한다. 그러나 현실의 여건이란 것도 있어서 무수히 타협하고 조정을 봐야 한다.

물론 처음엔 자신의 적성이 어떤 것인지 미처 알지 못하는 경우도 허다하고, 어쩌면 그게 더 일반적이다. 그러나 나중에라도 그런 적성이나 희망을 갖게 된다면 그 방향으로 삶을 이끌어가야 할 것이다. 하지만 현실 여건 때문에 자신의 희망은 평생을 가슴에만 담아두고 눈앞의 현실을 살아가는 이도 많다. 어쩌면 거의 모두가 그런 것 같기도 하다.

요즘 부모들은 자녀의 적성을 최대한 찾아주고자 애를 쓰지만, 이게 쉬운 일은 아닌 것 같다. 아이의 그 적성이 장차 어느 정도 경제적인 면에서 부합해야만 한다는 강박 관념이 작용하기 때문이다.

가령 10대 초반의 자녀가 공부보다는 기타를 잘 친다고 하자. 이런 경우 과연 어느 부모가 선뜻 음악가의 길을 가라고 권유하겠는가. "애야, 그건 취미로 하면 되지!" 하면서 만류하기 십상이다. 1990년대 우리 대중음악계의 기린아였던 서태지 역시 부친이 기타를 만지지 못하도록 뺐기도 하고 부수기도 했다고 한다.

하지만 그럼에도 불구하고 서태지는 대중음악의 길을 고집했고 또 그 방면에서 큰 성공을 거두었다. 그러니 여전히 젊은 서태지이지만 남은 삶이 어떠하든 간에 자신의 중심에서 살았으니 성공한 사람이라 본다. 그 방면에서 성공을 거두었다고 해서가 아니라, 본인이 하고픈 일을 고집하고 끝내 했다는 점에서 성공이란 말이다. 물론 하고자 하는 쪽에서 성취를 보거나 인정을 받으면 더더욱 좋은 일이다. 하지만 성취 여부가 인생 승리를 가름하는 것은 아니란 얘기이다.

대중음악계를 보면 무수히 많은 무명가수와 음악인이 있다. 그게 그냥 먹고살기 위해 택한 것이 아니라 어떤 내적 성향에 이끌려 그 길을 걸어온 것이라면, 실은 그 또한 성공이고 인생 승리가 아닌가 한다. 앞으로 유명해지느냐 또는 그냥 무명가수로 남느냐 하는 문제는 별개의 요소라 하겠다.

유명 산악인 중에 간간이 등산 중에 실종되거나 사망했다는 소식을 듣게 된다. 산악인이 산에서 죽었으니, 나는 성공했고 승리했다고 여긴다.

결국 자신의 중심에서 사는 삶이 성공한 삶이다

마음이 가긴 하지만 궁핍하게 살 것 같아서, 어떤 무엇이 끌리긴 하지만 너무 경쟁이 치열해서 포기하는 삶만 영위한다면, 죽을 때에 이르러 너무 아쉽지 않을까? 되든 안 되든 해보고픈 거 한 번이라도 거세고 줄기차게 대시하고 도전해본 삶이, 설령 잘 안 되더라도 그게 더 후회 없는 것이 아닐까?

이 세상엔 무수히 많은 사람이 태어나고 살아가고 또 죽어간다. 태어난 사람에게 "넌 꼭 사회에서 성공해야 해!" 하고 책무를 안겨주는 자는 세상에 없다. 다만 본인 스스로 살아가는 가운데 입맛에 맞는 것도 해보고 싶은 것일 뿐이다. 물론 그렇게 사는 것이 스스로도 옳고 좋다고 여긴다면 그 또한 하지 말라는 것이 아니다. 바로 그게 그 사람의 성향이고 중심이니 말이다.

긴 인생 살아가다 보면, 늘 얘기하지만 누구에게나 나름 15년의 세월 동안 영화로운 시절이 찾아온다. 젊어서 오기도 하고, 중년에 오기도 하며, 때론 노년에 찾아들기도 한다. 내 몫은 어차피 찾아먹게끔 되어있다는 얘기이다.

그러니 타고난 성향대로 주어진 적성대로 마음이 가는 대로 목표를 정하고 그쪽에서 잘 되기 위해 기껏 노력해보고 도전해보는 것, 그게 바로 자신의 중심에서 사는 것이요, 그로써 결과에 상관없이 성공이고 승리한 인생이다.

인생 어차피 한 번 살다간다. 부귀도 좋고, 영화도 좋고, 명예도 좋고, 출세도 좋으며, 건강 장수도 좋다. 하지만 생의 마지막에 이르러 "에이, 한 번이라도 내키는 대로 살아봤어야 하는 건데" 하는 후회만큼은 들지 않아야 하지 않겠는가.

chapter 7

그래서, 잘 산다는 것은
무엇인가

"일 년 사계절 중에 나쁜 계절은 없다."

아름다움은 거리 혹은 간격에서 온다

   며칠 전 밤 〈퓨리〉라는 영화를 잠자리에 누워 노트패드로 보았다. 영화 속의 대사, "이상은 평화롭지만 역사는 폭력적"이란 말이 여운(餘韻)을 남겼다.

   '평화'는 '아름다움'이란 말로, '폭력'은 '추악함'이란 말로 바꿀 수도 있다고 본다. 그러면 '이상은 아름답지만 역사는 추악하다'는 표현이 된다. 좀 더 쉽게 '꿈은 아름답지만 현실은 추악하다'는 말로도 바꿀 수 있겠다. 이 말을 현실 생활로 가져오면 '의도는 좋았으나 결과는 구차하다 또는 슬프다'는 말도 된다. '내 이렇게 하려는 것은 아니었는데' 식이 되는 것이다.

왜 이상은 아름답고 현실은 추악한 것일까

그렇다면 왜 어떤 이유에서 이상은 아름답고 반대로 역사 혹은 현실은 추악한 것일까? 오늘의 주제이다.

먼저 그 이유에 대한 내 생각부터 밝혀두자. 아름다움이란 '어떤 일정한 거리에서 주어진다'는 생각이다. 다시 말해서 '아름다움이란 어떤 간격에서 온다'는 것이 내 생각이다.

그런데 아름다움이 무엇이냐고 묻는다면 나는 선뜻 답을 하지 못한다. 이에 대해 엄청나게 똑똑한 대철학자 칸트가 말하길 "아름다움이란 어떤 목적이 없는 합목적성"이라 했다. 나는 이 말을 '딱히 이유가 없고 쓸모도 없지만 그럼에도 불구하고 사랑스러운 것'이란 말 정도로 이해하고 있다.

사랑스러운 것은 그 자체로 좋은 것이고 우리를 기분 좋게 한다. 그러면 된 것이고, 우리에겐 아름다운 것 사랑스러운 것을 좋아하고 추구하는 본능이 있는가 보다.

대상과의 딱 알맞은 거리

오랜 세월 사진을 찍어왔고 그림을 그려왔다. 평생의 취미이고 즐거움이다. "왜 사진을 찍고, 왜 그림을 그리는가?"라고 누가 묻는다면 "아름다운 것을 만들어내려는 욕망이고 노력"이라 답하겠다.

바깥에 나가 열심히 돌아다니다 보면 눈에 들어오는 광경이 있다. 그러면 좀 더 다가가게 된다. 이끌리는 것이다. 그런데 경치에 이끌려서 자꾸 다가가다 보면 어느 순간 아름다운 경치가 사라져 버린다.

'아니 왜?' 하는 의문이 든다. 더 다가가서 보면 허접함만 더한다. 그러면 다시 돌아 나온다. 돌아 나오면서 바라보면 다시 아까 전의 좋은 경치가 눈에 들어온다.

그러면 바로 그 자리에서 멈추고 구도를 잡은 뒤에 카메라 셔터를 눌러야 한다. 좋은 경치 그리고 그것을 담은 아름다운 사진은 대상 그 자체가 아니라 나와 그 대상 간의 어떤 거리 혹은 간격 안에서만 존재하기 때문이다.

너무 다가서도 아름답지 않고 너무 떨어져도 아름다움을 느끼지 못한다. 아름다움은 대상과의 딱 알맞은 거리에서만 존재한다. 좋은 경치는 그 자체로서 존재하는 것이 아니라 그것을 바라보는 나와 경치와의 어떤 간격에서만 존재한다.

이런 것은 일종의 통찰에 속한다. 나는 사진을 찍으면서 대상과의 거리에서 아름다움이 주어진다는 통찰을 얻었다.

바다를 한번 보자. 서울 같은 내륙의 대도시에 사는 사람들은 거의 누구나 바다를 좋아한다. 이에 바닷가에 갔다고 하자. 차에서 내려 우거진 송림의 그늘 사이로 하얀 백사장이 보이고, 그 너

머로 푸른 물과 하얀 파도가 넘실대는 바다가 시야에 들어오면 흥
겹다.

그러면 사람들은 "야, 멋지다, 빨리 가보자" 하면서 환호한다.
그런데 바다로 다가가면서 풍경이 바뀐다. 송림을 지나 백사장을
지나 정작 물가에 서면, 전혀 다른 경치가 다가 온다. 오로지 물과
멀리 수평선만 바라다보인다.

바다는 그 자체로는 꽤나 단순하고 밋밋하다. 물론 파도소리를
좀 더 가까이 들을 수 있고 멀리 아득한 지평선도 보이지만, 사실
그냥 그렇다. 금방 질린다.

아름다움은 바다 그 자체보다는 처음의 장소, 송림 그늘 사이로
하얀 백사장과 그 너머 파도치는 푸른 바다가 함께 어우러지는 광
경에서 주어졌던 것이다.

소나무숲의 그늘, 희게 빛나는 백사장, 하얀 이빨의 파도, 그리
고 남색의 바다 등의 디테일이 풍부한 것들이 어울려서 멋진 바다
경치를 만들고 있던 것이다. 송림을 벗어나 사진을 찍으면 백사장
과 바다만 남는다. 하나가 줄어든다. 더 걸어가면 바다만 남고 백
사장이 빠진다.

아름다운 것은 이처럼 다가가면 단순해지고 밋밋해질 때가 많다.

우리는 지나간 세월을 아름답던 시절로 기억할 때가 많다. 고생
고생 하던 시절 또한 되돌아보면 아름다웠다고, 즐거웠다고 말하

여름 끝자락의 동강

너무 다가서도 아름답지 않고
너무 떨어져도 아름다움을 느끼지 못한다.
아름다움은 대상과의 딱 알맞은 거리에서만 존재한다.
좋은 경치는 그 자체로서 존재하는 것이 아니라
그것을 바라보는 나와 경치와의
어떤 간격에서만 존재한다.

기도 한다. "아니, 고생 심하게 했다면서 뭐가 그렇게 아름답고 즐거웠는데?" 하고 찔러 보면 "그래도 아름다운 시절이었다"고 답하는 이가 많다.

왜 그럴까? 그 이유는 지난 세월과 지금 사이에 거리와 간격이 있기 때문이다. 이게 바로 아름다움의 비밀이다.

아름다움은 어떤 일정한 거리를 둘 때 주어진다.

아름다운 경치를 그림으로 그려보면 알게 된다. 대충 그려야만 좋은 그림이 된다는 것을. 눈에는 멋진 디테일이 생생하게 다 들어오지만, 그것을 다 그려넣다 보면 그림이 복잡해지고 나아가서 조잡해진다.

또 그림을 그리는 중에도 수시로 뒤로 물러나서 전체를 보아야 한다. 전체 조화가 맞아야 좋은 그림이 되기 때문이다. 그런 까닭으로 많은 것들을 생략하고 제외해야 한다. 먼 산의 능선이 아름답다고 해서 강하게 그려 넣으면 이상해지는 것이고, 가까운 사물을 희미하게 묘사하면 이상해진다. 때로는 멋진 것들을 마치 있는 것 같은 암시만으로 그쳐야 하기도 한다. 결국 풍경화의 기술이란 사물마다 어떤 일정한 거리를 둠으로써 전체의 조화를 꾀하는 방법이다.

"무작정 당신이 좋아요"란 노랫말

대중 스타는 많은 사람에게 선망의 대상이다. 그들이 선망을 불러일으키는 근본적인 힘은 팬들과의 적절한 거리에서 온다. 그렇기에 그들을 관리하는 기획사는 적절한 노출 빈도와 적절한 거리 두기에 온 신경을 집중한다. 하지만 결국 세월이 흘러 노출이 누적되다 보면 인기가 시들게 된다. 총량의 법칙이 작용하기 때문이다.

좋아하는 사람이 있으면 우리 누구나 그 사람 곁으로 다가서고자 한다. 곁에 있고자 한다. 하지만 아무 때나 곁에 있을 수 있게 되고, 만지게 되고, 서로 부비다 보면 좋은 감정이 빠져나간다. 거리가 없어졌기 때문이다.

이런 질문을 할 법도 하다. "꽃은 아무리 가까이 다가서서 들여다보아도 아름답지 않느냐"는 질문이다. 거리를 두지 않아도 아름답다는 말인데, 그게 그렇지가 않다.

아무리 예쁜 꽃이라도 가끔 보고 만나야 아름다운 법이지, 늘 꽃 곁에 있다 보면 아름다움을 느끼지 못하게 된다. 꽃이 좋아 꽃가게를 하는 사람에게 물어보라, 꽃이 처음처럼 아름답냐고. 꽃가게 주인에게 꽃은 그냥 팔아야 하는 상품일 뿐이다. 손님이 좋아하면 그것으로 만족인 것이고.

세상에는 아름다운 것이 실로 많다. 하지만 거리를 두지 않았을 때에도 여전히 아름다운 것은 그다지 많지 않다. 과연 있기나 할까 싶다.

이 대목에서 생각나는 것은 가족이란 대상이다. 남편, 아내, 자녀들 말이다. 거리를 두지 않고 살다 보면 감정이 수없이 굴절되고 또 변화해간다. 가까이 있기 때문이다.

이에 미운 정도 들고 정말 미워할 때도 있고, 그러다가 다시 예뻐 보이는 것이 가족이다. 미운 정 고운 정의 대상이다. 어쩌다가 떨어져 지내다 보면 한없이 그리워지는 가족이고, 그러다가도 다시 함께 지내면 전혀 아무렇지도 않고 덤덤해지는 관계.

그렇기에 부모, 남편, 아내, 특히 내가 낳은 자식은 아름다움의 기준을 넘어서는 대상이라 하겠다.

"무작정 당신이 좋아요" 하는 노랫말이 있긴 하지만 현실에서 무작정 다가서는 것은 대상을 자칫 소비해버릴 수 있는 위험이 있다. 그러니 아름다움을 즐기고 추구하면서 살고 싶다면 대상과의 적절한 거리를 발견하고, 그것을 유지하는 기술 혹은 기량을 가다듬어야 한다.

삶이란 뒤돌아봤을 때만이
이해할 수 있는 것

먼저 희망이란 것에 대해서 얘기를 시작해보자.

희망이란 '앞으로 일어날 가능성이 있는 좋은 일이나 상태에 대한 바람'이다.

가령 주말이 가까워져 오면 푹 쉬고 또 즐겁게 놀 수 있다는 희망이 있다. 그런가 하면 지금은 다소 궁핍해도 언젠가 돈을 많이 벌어서 즐겁게 살아갈 날이 올 것이란 희망도 있다. 이 희망은 사실 막연한 희망이다. 희망은 이처럼 크든 작든 간에 우리에게 눈앞의 힘든 현실을 견뎌낼 힘을 부여한다. 그러니 희망을 가진 것은 좋은 것이 분명하다.

희망은 어떻게 독이 되는가

그런데 희망이란 것이 때론 대단히 해로울 때도 있다. 단적으로 현재의 어려운 때가 어서 빨리 지나가 버리길 바랄 때 희망은 우리에게 독이 되기도 한다. 희망이 눈앞의 힘든 현실, 줄이면 '현실'을 자꾸 외면하도록 만들기 때문이다. 그렇게 되면 희망은 힘이 아니라 독소로 변해서 우리의 삶을 파괴하기도 한다.

이처럼 희망은 현재를 견디게 하는 힘으로 작용하기도 하지만, 일종의 진통제 혹은 마약이 되어 현실을 외면하고 망각하게 만들기도 한다. 물론 우리가 살아가다 보면 이런저런 통증으로 진통제를 먹어야 할 때가 있다. 하지만 진통제를 습관성으로 먹다 보면 결국 마약 중독 상태에 빠지는 것처럼, 희망이란 것 역시 남용하면 우리의 삶은 피폐해진다.

뭐든 생각하기 나름이란 말이 있다. 현실이 팍팍할 때 어떤 이는 막연한 희망으로 버텨나가기도 하고, 또 어떤 이는 힘든 처지에서도 작은 즐거움을 찾고 또 즐기면서 위안을 찾기도 있다. 한참 유행했던 '소확행(소소하지만 확실한 행복)' 같은 것도 그런 일종이다.

우리 사회는 2012년부터 경기침체 또는 스태그네이션 상태에 들어가 있고, 특히 젊은이들의 사회 진출이 질적인 면에서 예전보

겨울 원정대

그렇기에 우리는 늘 새로운
그리고 막연한 희망과 꿈을 갖는다.
하지만 희망이나 꿈은 눈앞의 일도 아니요, 현실도 아니다.
아직 오지 않은, 따라서 존재하지 않는
그저 막연한 미래의 것이다.

다 훨씬 악화하였다. 대부분 계약직 또는 비정규직이 고작이어서, 안정성이나 장래성을 기대하기 어려운 젊은이들이다.

이에 한동안은 '헬조선'이라 하면서 푸념을 했지만, 이젠 그런 푸념도 들리지 않는다. 그러니 '소확행'이다. 젊은이들이 현 세태에 대하여 나름의 적응을 한 것이다. 이들도 어쩌다가 한번 목돈이 생기면 과감하게 지르기도 한다. 그럴 땐 '욜로(YOLO)족' 시늉인 셈이다. 이른바 '희망 고문'에 넌더리가 난 우리 젊은이들이라 하겠다.

그렇다, 희망이 희망 고문이 되면 삶은 피폐해진다. 뿐만 아니라 막연한 희망만으로 오늘을 견디는 방식은 현재와 현실을 무의미하게 만든다.

책《다뉴브》, 클라우디오 마그리스)에서 이런 시를 읽은 적이 있다.

희망을 품다 보면
때가 오기만을 기다리지.
최후의 시간이 오면
더 이상 희망도 없어라.

'막연한 희망만으로 하루하루를 무의미하게 보내다 보면 어느새 삶의 종착역에 도달할 수도 있다'는 경고가 시에 담겨있다.

살다 보면 때론 대단히 격할 정도로 좋은 일이 없지는 않다. 그런데 아무리 좋은 일이나 감격스러운 경사(慶事)라도 얼마 지나지 않아 덤덤해지고 희미해지며, 결국에는 잊힌다. 기쁨의 날이 기억되긴 해도 기쁨의 알맹이는 금방 빛을 잃고 퇴화하며 심지어 없음, 즉 무(無)로 변하기도 한다.

그렇기에 우리는 늘 새로운 그리고 막연한 희망과 꿈을 갖는다. 하지만 희망이나 꿈은 눈앞의 일도 아니요, 현실도 아니다. 아직 오지 않은, 따라서 존재하지 않는 그저 막연한 미래의 것이다.

삶이란 뒤돌아봤을 때만이 이해할 수 있다

미래란 것은 존재하지 않는 것, 따라서 우리의 삶 속에 존재하지 않는다. 우리가 가진 것은 과거의 추억과 현재, 즉 눈앞의 시간뿐이다. 그런데 눈앞의 시간이 힘들고 시시하다 해서 외면하고 의미 없게 여겨버리면, 결국 삶 전체가 의미 없는 것으로 끝날 수도 있다는 말이다.

키르케고르는 "삶이란 뒤돌아봤을 때만이 이해할 수 있다"고 했다. '과거에 대한 반추와 성찰을 통해서만 삶에 의미를 부여할 수 있다'는 말이다. 현재란 순간순간의 이어짐이고 연속일 뿐, 거기에 스토리는 없다. 스토리란 기승전결의 구조로서, 결말이 나와야만 하기 때문이다. 현재는 늘 진행형이어서 결말을 보여주지 않는다는 사실. 점심시간까진 좋던 하루가 저녁에 들어 최악의 날이 될 수도 있겠고, 또 그다음 날이면 전혀 다른 일이 생길 수도 있는 끝임없는 진행형이 바로 현재인 까닭이다.

그러니 좋은 시절은 없다. 되돌아봤을 때 '그때가 좋았다'거나 '좋은 시절이었구나' 하는 것은 있어도, '지금 현재가 좋은 시절이구나' 하고 자각(自覺)할 수 있는 사람은 없다. 지금은 순간순간의 연속체일 뿐이기에 결론을 내릴 수가 없기 때문이다.

좋은 시절은 없고 좋았던 시절만 있을 수 있다. (마찬가지로 나빴던 시절도 있다.) 좋았던 시절이란 결국 현재와 비교해서 그런 판단을 할 수 있다. 따라서 좋은 미래 역시 없다. 일단 미래는 오지 않은, 존재하지 않는 시간인 것이고, 더 시간이 지나서 지금의 미래가 먼 과거의 일이 될 때만이 '좋은 시절이었구나' 혹은 '나쁜 시절이었구나' 하고 자각할 수 있으니 그렇다.

그러니 좋았던 시절만이 가능하다. 그때가 호시절(好時節)이었지 하는 과거적 사건만이 가능하다.

상담하다 보면 안타까울 때가 많았다. 상담하러 온 사람이 지금 호시절을 보내고 있건만 정작 본인은 그걸 모르고 있기 때문이다. 그래서 예전에는 지금이 호시절이란 것을 알려주려고 애를 썼다.

그런데 시간이 지나 다시 생각해보니 그런 내 생각이 틀렸다는 것을 알게 되었다. 우리 모두 현재를 판단할 수 있는 능력이 없다는 점에서 그렇다.

과거만을 이해할 수 있고 판단할 수 있는 것이다. 현재는 순간의 연속적인 과정이니 흐름의 와중(渦中)에 있는 자는 상황을 판단할 수 없는 법이다. 그리고 미래는 오지 않았기에 존재하지 않는다. 기껏해야 나름 예쁜 그림을 그려보거나 좋은 꿈을 꿀 수 있을 뿐이다.

하지만 분명한 것은 우리 모두 인생의 어느 계절, 운명의 어느 계절을 보내고 있다는 사실이다.

삶은 고단한 것,
스스로를 아껴야 한다

며칠 꽤 날이 덥더니 오늘은 비가 온다. 새벽녘에 제법 굵게 내리더니 오후 들어 부슬비로 내리고 있다. 덕분에 날이 식어서 좋다. 지난주에는 글을 거의 올리지 못했다. 좌골신경통 때문이다. 서 있거나 누워있으면 괜찮은데, 앉아있으면 통증이 온다. 그 바람에 글을 쓰기가 어려워서 지난주 내내 쓰다 말다, 쓰다 말다를 반복했다. 답답한 노릇이다.

케이블 채널을 돌리다 보면 디스크 시술에 관한 광고성 프로그램이 저렇게나 많았던가 싶다. 온통 어깨 통증, 허리와 다리 통증에 관한 것이다. 역시 남의 일은 내 알 바가 아닌 것이고, 정작 내 일이 되고 보니 새삼 눈에 들어온다.

작업실의 수묵화를 그리던 건넛방의 책상을 치우고 매트리스를 깔았다. 앉았다가 통증이 시작되면 일어나서 서성대거나 아니면 건넛방으로 가서 누워 책을 본다.

그러다 보니 어쩌다가 또 하나의 '대장정'을 시작했다. 영국의 역사학자 아널드 토인비가 남긴 14권짜리 대작《역사의 연구》를 읽는 일이다. 1970년대에 번역 출간된 책인데, 책 한 권당 면수만 해도 6백 페이지이니 대략 8천 페이지 정도는 되는 것 같다.

40대 초반 처음 접했는데 너무 방대해서 읽지 못했다. 그런데 이제 와서 읽고 있으니 무협소설만큼이나 흥미진진, 재미가 있다. 40대 중반에 오스발트 슈펭글러가 남긴《서양의 몰락》에 심취한 적이 있는데, 이번엔《역사의 연구》에 푹 빠졌다, 풍덩.

인류 역사의 수많은 케이스들을 다루고 있어 생소한 분야도 여전히 있지만, 이제는 그런대로 다른 책이나 위키를 뒤지지 않고도 술술 읽히니 그간 역사에 대한 내 시야가 많이 넓어진 게 아닌가 싶다. 현재 제 4권을 읽는 중이다.

토인비의 저 방대한 연구가 다루고 있는 핵심 주제, 흔히 '도전과 응전'이란 말로 축약하는 저 주제는 사실 내가 연구해 온 주제, '운명의 순환과 법칙'과 그 본질에 있어 전적으로 동일하다는 생각을 한다. 그래서 이번 독서 대장정이 더 흥미롭다.

편하게 살다 보면 나약해진다

"편하게 살다 보면 나약해진다."

이 말이 과연 맞는 말일까? 아주 단순한 질문으로 얘기를 시작해보자.

상식적으로 생각해보면 대충 맞는 말인 것 같긴 하다. 하지만 따져보기 좋아하는 사람이라면 '과연 그럴까'라는 생각도 해볼 수 있겠다. 《역사의 연구》가 다루고 있는 주제는 바로 이 질문에 대한 답이라 하겠다.

토인비는 《역사의 연구》 제2부 '문명의 발생'에서 이 문제를 놓고 인류 역사의 방대한 사례들을 열거하고 살펴가며 집요하게 이 질문에 대한 답을 찾고 또 검증하고 있다.

토인비의 연구에 따르면 문명의 발생 자체가 '인류 투쟁'의 산물이다. "문명은 상식적으로 보면 우호적인 환경에서 탄생한 것 같지만, 실은 척박하고 거친 환경 속에서 더 잘 생겨나고 성공적이다"는 얘기이다.

"편한 환경에서가 아니라 힘든 역경(逆境)에서 발전이 있다"는 이 주장은 인류사의 거대한 흐름에 있어서만이 아니라 한 개인의 역사에 있어서도 마찬가지로 적용된다. 그러니 "편하게 살다 보면 나약해진다"는 말은 맞는 말이라 해도 무방하다.

당연히 우리 모두 누구 할 것 없이 안락하고 편하게 살고자 한다. 고생하고픈 이는 세상에 없다. 하지만 안일하게 살다 보면 나약해지고 퇴보한다. 그 결과 이른바 망하게 된다. 그런 까닭에 편히 살고픈 우리의 바람은 지극히 당연하나, 편히 살다 보면 나약해진다는 점에서 꽤나 모순(矛盾)된 욕망이라 하겠다.

앞의 얘기를 다시 해보면 우리는 누구나 에덴동산이나 파라다이스 또는 극락정토와 같은 세상에서 삶을 누리고 싶어 한다. 하지만 현실의 우리가 발을 딛고 사는 세상은 실낙원(Paradise Lost)이고, 지저분한 예토(穢土)의 세상이다.

토인비에 의하면, "인류의 문명은 환경과 주어진 여건에 대한 끝임없는 투쟁의 산물"이다. 이 말을 풀어서 얘기하면, 애초에 환경이 풍족하고 살기에 좋았다면 아예 문명이란 것이 생겨나지 않았을 것이고, 인간은 마치 자연 속에서 식물처럼 존재하고 있을 거란 얘기이다.

우리가 살아간다는 것은 어쨌거나 길고 긴 투쟁과 고생으로 점철되지 않을 수 없다. 자연환경과의 투쟁만이 아니라 인간 집단 간의 투쟁, 아울러 개개인 간의 치열한 상호 경쟁 혹은 투쟁의 과정인 것이다.

그러니 산다는 것은 고생일 수밖에 없다. 다만 운명의 순환이란 것이 있어서 상대적으로 좀 더 힘들고, 조금은 더 수월한 때가 갈마드는 것일 뿐이다.

추억의 정동길

흔히 잘 살려면 물건을 아끼고
돈을 아껴야 한다고 말들을 하지만,
그보다 훨씬 더 중요한 것이 있다.
한 번 살다가는 인생,
스스로를 아끼고 스스로를 파괴하지 않아야 한다는 것이다.
태어날 때 받은 자신의 삶을
알뜰하게 잘 쓰다가 가야 한다는 얘기이다.

바람이 있고 욕망이 있어서 우리는 어떤 목표를 세운다. 그런데 그 목표란 건 현재의 상태보다 더 높은 단계를 위한 것이기에 많은 노력을 경주해야 하고, 많은 주의를 기울여야 한다. 그렇지 않으면 이루어지지 않기 때문이다. 그러니 힘이 들 수밖에.

상담하다 보면 흔히 듣게 되는 말이 있다. "정말이지 제게 이런 일이 생기리라곤 전혀 상상도 하지 못했어요." 하지만 그런 일을 겪지 않는 인생은 없다. 아직 겪지 않았을 뿐이지 누구나 한번은 그런 어려운 처지에 처하게 된다. 평생을 두고 무사안일(無事安逸)하고 승승장구(乘勝長驅)하는 삶은 없다. 물론 그 반대로 평생을 두고 막히기만 하는 답답한 삶도 없다. 한때 그럴 뿐이다.

며칠 전 '도리스 데이'란 미국 할머니가 세상을 떠났다. 1960년대 전성기를 보낸 미국의 유명 여가수다. 우리로 치면 〈동백아가씨〉의 이미자 같은 분이다. 1922년 4월 3일에 태어나 며칠 전에 돌아가셨으니 무려 97년 하고도 한 달을 살다간 셈이다.

이분의 사주를 검토해보면 최고의 운에 세상을 떠난 것임을 알 수 있다. 그렇기에 태어날 때 받은 생명의 힘을 남김없이 알뜰하게 소진하고 세상을 떠난 분이란 생각이 든다.

도리스 데이 할머니 역시 유명 가수로서 많은 영광을 누렸지만, 그에 못지않게 숱한 좌절과 굴욕의 시간을 보내야 했다. 그냥 쭉 편하게 호의호식(好衣好食)한 삶은 절대 아니었다. 인생 한 번 살다

가려면 무수한 고비를 만나기 마련이고 피해갈 수 없기 때문이다.

한 번 살다가는 인생, 스스로를 아껴야

흔히 잘 살려면 물건을 아끼고 돈을 아껴야 한다고 말들을 하지만, 그보다 훨씬 더 중요한 것이 있다. 한 번 살다가는 인생, 스스로를 아끼고 스스로를 파괴하지 않아야 한다는 것이다. 태어날 때 받은 자신의 삶을 알뜰하게 잘 쓰다가 가야 한다는 얘기이다.

그런 면에서 도리스 데이 할머니의 삶이야말로 모범이고 전형(典型)이 아닌가 한다. 그간 구글이나 위키를 통해 수만에 이르는 사람들의 생애를 연구 검토해보았지만, 이분처럼 잘살다가 떠난 사람은 보지 못했다. 폐렴으로 사망했다고 하지만 이분은 그 어떤 통증이나 고생도 하지 않았을 것으로 단정을 한다. 그냥 노화로 인해 숨쉬기가 거북해져서 돌아가셨을 것으로 본다.

이분 역시 한때 역경의 세월도 겪었겠지만 끝내 자신을 아끼고 소중히 다루었기에 이렇게 살다 갔을 것으로 여긴다. 완전연소의 삶을 살다간 셈이니 죽은 것이 아니라 마지막 순간에 신선이 되어 날개를 펄럭이며 하늘로 돌아간 우화등선(羽化登仙)의 삶을 살다간 것이 아닐까 싶다.

살다 보면 실망도 하고 뜻하지 않은 좌절을 겪게도 된다. 이에 화를 내기도 하고 역정을 부리기도 하겠지만 그게 다 손해란 사실, 그래 본들 모두 아까운 내 생명력을 낭비하는 것에 지나지 않는다. 혈기 왕성한 젊은 시절엔 영원히 살 것 같아서 돈과 명예를 얻고자 세월을 보내지만, 나중에 알고 보면 결국 가장 소중한 것은 결국 내 삶이란 말이다.

오늘의 글은 오후 3시부터 쓰기 시작했는데, 지금 시각이 새벽 3시 40분이다. 의자에서 일어나기를 반복해야 했기 때문이다. 밖엔 여전히 비가 내리고 텔레비전에선 류현진이가 매회 안타를 맞아가면서도 실점하지 않고 용케 잘 던지고 있다.

아름답고 풍요롭지 않은 삶은 없다

　나의 삶 전체를 돌아보았을 때 가장 외로웠던 때는 1995년 무렵이었다. 사람이 너무 그리웠다. 사람 속에서 살아가면서도 말이다. 벌써 25년 전의 일이니 이젠 그저 아득하다.

　며칠 전 한 상담객이 다녀갔다. 그이의 운세 흐름이 바로 나의 25년 전과 같았다. "지금 당신은 가도 가도 정처를 알 수 없는 외롭고 스산한 어둠의 길을 가고 있네요"라고 얘기해주니 그분은 순간 울컥하면서 참지 못하고 그만 눈시울을 적셨다. 티슈 한 장을 빼주면서, "그냥 좀 우는 것도 괜찮다"고 위로해주었다.

　겉으론 아무 문제가 없고 그냥 멀쩡한 분이었다. 40대 중반의 나이에 상위 클래스의 직업을 갖고 있었다. 그러나 어둡고 스산한 길을 걷는 중이었다.

그분의 운세 흐름은 우리가 해마다 1월 20일경에 겪는 대한(大寒)의 때였다. 대한은 한 해를 통틀어 땅이 가장 차갑게 식어있는 때이고, 기온 역시 가장 낮을 때다.

무덤 속의 고독

대한 무렵에 교외로 나가보라, 무엇이 보이는가.

어디에도 생동하는 것은 보이지 않는다. 땅은 얼어서 생경할 정도로 굳고 단단하다. 그 위로 눈이라도 내리면 어디에서도 한 점의 생기(生氣)조차 찾을 수가 없다. 먼 산을 보면 쌓인 눈 사이로 갈색의 낙엽과 앙상한 가지들의 회갈색만이 눈에 들어온다. 낮은 아주 짧아서 해는 서산으로 금방 넘어간다. 먹이를 찾아 차디찬 허공을 맴돌던 새들도 금세 둥지로 돌아간다. 구름도 많지 않다. 공기가 건조하기 때문이다. 구름엔 잠시 붉은 놀이 서리다가 어느새 회갈색으로 변하고, 곧 짙은 어둠이 내린다. 그러면 길고 긴 밤이 찾아온다.

나는 사람의 운세 순환을 계절의 변화, 좀 더 자세하게는 24절기의 변화로 설명한다. 이는 그냥 비유가 아니다. 액면 그대로 동일하다.

그분의 현재 운세는 바로 1월 20일경의 대한이기에, 겉으론 멀쩡해 보여도 실은 차가운 대한의 길을 밟아가고 있는 중이다. 나의 1995년, 그러니까 25년 전의 상황과 겹쳐지며, 나는 그분의 심정과 상황을 충분히 공감할 수 있었다. 동병상련(同病相憐)이다.

그분은 워낙 성실하고 자기 관리에 빈틈이 없는 분이라 겉으로는 아무 문제가 없어 보인다. 사람에 따라, 즉 타고난 팔자와 성정에 따라 겉으로 나타나는 모습은 천차만별이다. 하지만 내면의 심정은 누구나 별반 차이가 없다.

대한의 운이 어떤 것인가를 본질에서 얘기하면, 그것은 놀랍게도 '무덤 속의 고독'이라 말할 수 있을 것이다.

겨울은 그 본질에 있어 죽음이다

사람이야 죽으면 이미 의식이 없으니 무덤에 들어간들 고독할 까닭이 뭐 있겠냐 싶겠지만, 그거야 누가 감히 그렇다고 장담할 수 있을 것인가. 대한의 운은 운명적으로 죽음의 상태인 것이고, 무덤 속에 홀로 들어앉아 고요하고 외롭게 시간을 보내고 있는 것이라 보면 되겠다. 그렇기에 대한의 운이란 전혀 밟아본 적 없는 저승의 길을 혼자서 가고 있는 모습이라 말할 수도 있다.

가을 물은 절로 주름을 잡나니

일 년 사계절 중에 나쁜 계절은 없다는 것이다.

겨울이 있기에 봄볕이 반가운 법이고,

여름이 있어서 만물이 치열하게 다투면서 힘자랑을 한다.

그리고 가을이 있어서 더위가 가시고 풍성한 수확을 한다.

가을이 지나면 쉬어야 나중에 또 생산에 나설 것이니, 겨울 또한 반갑다.

그런 까닭에 겉으로야 멀쩡하게 하던 일 하고 있고, 사람들 속에서 여느 때처럼 살아가고는 있어도, 내면의 영혼은 홀로 저승의 어둡고 추운 길을 더듬어가고 있는 중이다.

해마다 우리가 겪는 겨울은 그 본질에 있어 죽음이다. 한해살이들은 겨울로써 죽고, 여러해살이들은 가사(假死)의 시간을 보내거나 겨울잠을 잔다. 우리 인간 역시도 수십 년을 살지만, 겨울이 되면 의식은 내면으로 침잠하면서 일종의 가사 상태로 들어간다. 겨울이면 간접적으로나마 죽음을 체험하는 것이다. 죽음이 무엇이냐고 누군가 나에게 물어온다면 그건 겨울, 겨울 중에서도 늦겨울을 상상해보라고 답해주겠다. 잿빛의 계절, 겨울 말이다.

1월 20일경의 대한은 생산하는 때가 아니다. 만물이 죽은 듯이 쉬고 있다. 그러니 대한의 운을 맞이한 사람에게 어떤 성과를 기대할 수가 있겠는가? 생산이 있을 리 없고 성과가 있을 까닭이 없다. 그 바람에 스스로도, 주변에서도 저 사람은 최근 몇 년 사이에 생산성이 약해졌다는 판단을 하게 된다. 그 결과 사직을 강요당할 수도 있다.

대한의 운을 맞이한 고3 수험생이라면 어떨까? 좋은 성적을 얻어 좋은 대학으로 진학할 까닭이 없다. 겉으로야 남들처럼 열심히 공부하고 있는 척을 할 뿐, 영혼은 다른 세계를 돌아다니고 있거나 몽상에 젖어 있어서 그렇다. 당연하다. 대한은 생산의 계절이 아닌 까닭이다.

기업도 대한의 운이 되면 경영진부터 타성에 빠지고, 그 결과 실적은 답보 상태를 유지하면 다행이고 점차 뒤처지게 된다. 물론 국가 또한 그렇다.

오늘은 대한을 예로 들어 '운명의 흐름이란 무엇인가'에 대해 그 본질을 얘기하고 있다.

1월 20일경의 대한(大寒) 반대편, 즉 6개월 뒤인 7월 24일경의 대서(大暑)는 열에너지가 펄펄 끓어오르는 때이다. 에너지가 넘쳐나기에 일시적인 좌절을 당해도 그건 시련일 뿐 실패로 귀결되지 않는다. 엎어졌다 해도 금방 다시 일어나서 목표한 바에 도전해간다. 그리고 성취해간다.

앞에서 소개했던 그분 역시 30년 전엔 그랬을 것이다. 십대 무렵에 말이다. 그 무렵이 에너지 넘치는 대서였을 것이니.

이처럼 어떤 이는 중년의 나이에 대서 운을 맞이하여 약진한다. 반면 어떤 이는 중년에 대한의 차가운 길을 밟고 있다.

그러니 나쁜 계절은 없다

이쯤에서 내가 수십 년간 운명학을 연구해온 결과 진정으로 해주고픈 말이 있어 얘기하려 한다. 일 년 사계절 중에 나쁜 계절은 없다는 것이다.

겨울이 있기에 봄볕이 반가운 법이고, 여름이 있어서 만물이 치열하게 다투면서 힘자랑을 한다. 그리고 가을이 있어서 더위가 가시고 풍성한 수확을 한다. 가을이 지나면 쉬어야 나중에 또 생산에 나설 것이니, 겨울 또한 반갑다.

인생살이도 역시 그렇다. 성공이 있겠지만 좌절도 있어야 할 것이며, 좌절을 통해 사람은 더욱 성숙해지고 인격도 깊어진다. 좌절해본 사람만이 남의 좌절과 그 아픔에 대해 공감할 수 있을 것이니 말이다. 또 성취해본 사람만이 그 과정이 얼마나 어렵고 힘든지알 것이고, 그 결과로 성취를 즐길 수 있을 것이다.

모든 삶의 과정은 전체가 하나의 고리를 이루면서 삶을 풍요롭게 한다는 얘기이다.

60년을 통해 맛을 보는 사계절 24절기이다. 다만 사람에 따라계절의 순서가 달리 찾아들 뿐이다. 한 해가 계절의 변화를 통해아름답듯이, 삶 또한 운명의 계절이 있어 변화해가기에 아름답고풍요롭다는 얘기를 해보았다.

산다는 것
그리고 잘 산다는 것

2022년 2월 28일 초판 1쇄 발행
2023년 11월 15일 초판 4쇄 발행

지은이 | 김태규
펴낸이 | 이병일
펴낸곳 | **더메이커**
전 화 | 031-973-8302
팩 스 | 0504-178-8302
이메일 | tmakerpub@hanmail.net
등 록 | 제 2015-000148호(2015년 7월 15일)

ISBN | 979-11-87809-43-2 03190
ⓒ 김태규

이 책은 저작권법에 따라 보호받는 저작물이므로 무단전재와 무단복제를 금지하며
이 책 내용의 전부 또는 일부를 이용하려면 반드시 저작권자와 더메이커의 서면 동의를 받아야 합니다.
잘못된 책은 구입한 곳에서 바꾸어 드립니다.